フィギュール彩 ㉙

A DISQUALIFIED TRAINEE ARTISTE
SHUICHI FUJIWARA

前座失格!?

藤原周壱

figure Sai

彩流社

目次

序の章

三遊亭円丈が落語協会の分裂騒動を記した『御乱心　落語協会分裂と、円生とその弟子たち』（一九八六年、主婦の友社）を出したとき、柳家小三治は弟子たちに向かって「読み物として、なかなか面白かったよ。確かにあの当時、円窓の奴は〈星企画笑い〉をしてたなぁ……」と笑いながら、感想を述べた。

〈星企画笑い〉とは『御乱心』の中で、三遊亭円生の顔色を窺って弟子の円楽・円窓が、お追従笑いをする様子を、円楽が所属していたプロダクションの名前を使って、円丈自身が皮肉まじりに命名したものだった。

「だけどな、アレはあくまでも円丈の目から見た物語だ。アレを読んだだけで、すべて分かった気になるな。物事は一面を見ただけで判断せずに、上から見たり、下から見たり、時には斜めから見ることで、初めて全体像が掴めることになる。噺もそうだ。先人の芸を参考するのは良い。大事なことはそれをなぞるだけじゃなく、色々な角度から視点を変えて見直して、自分なりの解釈を加えることを忘れるな……」

上野・本牧亭で、入船亭扇橋・桂文朝と隔月に開催していたネタおろしの会「三人ばなし」で小三治が演じた『花見の仇討』『千両みかん』『藪入り』『茶の湯』『景清』…。また『初天神』『死神』『小言念仏』『百川』『かんしゃく』『厩火事』『粗忽の釘』等々、私にとって小三治が手掛けたこれらの噺は、それまでの先人たちが演じて定型だと思われていた作品を、独自の視点で再構築して、古典落語に新たな可能性を提示したという思いがある。

そうして出来上った作品群は、それ以降の後輩たちにとってバイブルになるといっても過言ではないものだった。

「視点を変えて見直す」という言葉は、私にとって〈柳家小三治〉という噺家の芸の神髄をひも解く言葉であり、当時の私は小三治を心酔・敬愛していた。極端な譬えをするなら、私は小三治教の敬虔な信者であり、その教えは絶対的なものだった。

それだけに、後にこの人から受けた非情なまでの仕打ちは、それからの私の人生を狂わせることになる。

以下の記述は、私の実体験である。

内容的には小三治夫人である郡山和世の著書『噺家かみさん繁昌記』（一九九〇年、文藝春秋）と重複する部分もあるが、あの本に書かれている内容も事実なら、以下の内容も事実である。諸兄・諸姉は視点が変わることで、また違う感想を持たれると思う。

なお失礼ながら、文中の敬称はすべて略させていただいた。

落語との出会い

私が最初に落語に触れたのは、小学校三年のとき、学校の図書室にあった一冊の本だった。『十五少年漂流記』『赤毛のアン』『小公女』などの世界名作文学全集の中に『日本のわらい話』という一冊があり、『一休とんち話』や『彦いちとんち話』に混じって『おわらいを一席』というコーナーの中にあった数席の落語を読んだのが、きっかけだった。ここには『長い名前の話（寿限無）』『ひとつ目の国の話（一眼国）』などの落語が、子供が読みやすいように脚色されていた。

ここ数年、幼稚園児や小学生が『寿限無』の名前を覚えるのが流行ったように、当時の私もまたあの長い名前を暗記して楽しんだ。また『一眼国』は、ひとつ目の子供を生け捕りにして見世物にしようとした男が最後には、あべこべに自分が見世物になってしまう……という逆転現象がとても面白かった。

さらに小学四年生のときに、父親が『五代目古今亭志ん生全集』という、十枚組のレコードを買ってきたことが、私の落語好きに拍車を掛けることになった。『火焰太鼓』『宿屋の富』『強情灸』『大山詣り』『黄金餅』『あくび指南』『らくだ』『大工調べ』『三軒長屋』等々、毎日学校から帰って来ると、片っ端から聴いては楽しんだ。

さすがに小学生には『品川心中』や『首ったけ』などの廓噺は理解できなかったが『替り目』『親子酒』などの酔っ払いが出てくる噺は子供ながらにも面白く、何度も何度も繰り返して聴いたものだった。なかでも『火焰太鼓』の全編ギャグだらけの可笑しさは当時の私を夢中にさせて、何度も繰り返し聴くうちに、一言一句まるまる一席を覚えてしまった。

また『後生鰻』のサゲが、錯覚から起こるブラックな笑いだということも、小学生ながら充分に理解できた。今にしてみると、我ながらかなり落語IQの高い子供だったと思う。

親にねだって寄席めぐり

そのうちに私の落語熱はレコードだけでは物足りなくなり、父親にねだって初めて寄席に連れて行ってもらうことになるのだが、その初体験が昭和四十五年一月二之席、人形町末廣が寄席を閉じる最後の興行だった。

この興行は落語芸術協会の番組で、さすがに誰が出てどんな噺をしたのかは、ほとんど覚えていないが、落語と落語のあいだにはさまれた紙切りや奇術などの色物にも魅了された。それでも、桂米丸（当時、日曜の午後に新宿末広亭から中継放送していた「日曜演芸会」の大喜利の司会をしていたことから顔は知っていた）と、桂小南の高座だけは今でもはっきり覚えている。特に小南が演った、子供が出てきて大人の商売の邪魔をする噺（『いかけ屋』）はとても面白く、強く印象に残った。

因みにこの日は一月十五日の成人式だったことから、母親の記憶によるとトリに上がった五代目古今亭今輔（お婆さん落語で名を売った）は親子の情がからんだ『ラーメン屋』を演ったらしい。

この初めての寄席体験で生身の噺家が語る落語に魅了された私は、それから後も事あるごとに親にねだって寄席に通うようになる。お蔭でビルに改築される前の上野鈴本にも間に合ったし、新宿末広亭の正月二之席には着物を着せてもらって連れて行ってもらった。

正月とはいえ着物姿の子供は珍しかったようで、客席にいたおじさんから「着物、良いね」と声を掛けられたのだが、「暑くて、良くない」と答えたことを、今でも覚えている。

当時我が家は中央区勝どきに住んでいたので、日比谷の東宝名人会はバス一本で行けることから、かなり通った覚えがある。この寄席は落語協会・芸術協会の枠に囚われず、独自に番組を組んでいたことから、子供心にも出演者が厳選されている印象があった。

色物では奇術のアダチ龍光、漫談の牧野周一、声帯模写の桜井長一郎、漫才の獅子てんや・瀬戸わんや、三味線漫談の玉川スミ、ヴォードビルの小野栄一……など、「名人会」という名に恥じないトップクラスの芸人を見ることができた。落語では人気全盛だった初代林家三平が、客席にいる子供の私に気付いて、「坊っちゃん、坊っちゃん、これからおじさんが仮面ライダーを演りますから」と言って、オーバーアクションとともに「ライダーキック！」と叫んでくれたのも良い思い出として残っている。

また寄席の世界から長らく遠ざかっていた柳家金語楼が、珍しく出演した高座もこの東宝名人会で遭遇している。NHKの「ジェスチャー」で顔と名前は知っていたが、この人が落語家だということを初めて知ったのも、このときの高座だった。

さらに円生の『火事息子』を聴けたのも東宝名人会の高座だったが、この日は仲入り前に上がった柳家小三治が、座布団ではなくテーブルを前に置き椅子に腰掛けての高座が忘れられない。

まくらで、「先日北海道にスキーに行きまして。実は私、スキー始めたばかりで、楽しくて楽しくてしょうがないんですよ。それで嬉しくなって調子に載って滑ってたら、足を挫いて捻挫しちゃって。それから後は、痛くて痛くて涙がポロポロ出ちゃって。そんな訳で正座ができないので、今日はこんな格好で失礼なんですが、勤めさせていただきます」

そんなマクラから『千早振る』に入っていったことも鮮明に覚えている。

落語漬けの中学時代

いったん火がついた落語熱は中学に入ってからも収まらず、寄席通いだけでなく当時創刊したばかりの講談社文庫の中に、興津要がまとめた『古典落語（上・下）』が発売されると、少ない小遣いを工面して買い集めた。この文庫はかなり売れたようで、最終的には六冊まで発売されることになるのだが、すべて買い揃えた。

また当時はラジオの落語番組もたくさんあり、ナイター中継が終わる十月以降になるとストーブリーグの穴埋めとして、ＮＨＫや民放では落語番組が放送されていた。なかでも私がお気に入りだったのは、ＴＢＳが日曜の午後八時から放送していた『落語名人会』と、続けて八時半からの『桂文楽　その世界』だった。

『落語名人会』は六代目三遊亭円生、八代目林家正蔵、五代目柳家小さんの三人が週替わりに登場して、一席ずつ落語を演じたもので、小さんの『万金丹』などは、父親からもらったテープレコーダーに録音して繰り返し聴いた覚えがある。さらにその後の『桂文楽　その世界』からは『明烏』『寝床』『愛宕山』『星野屋』『鰻の幇間』『夢の酒』『松山鏡』等々、次々と放送された。八代目桂文楽は、つい三年ほど前に物故していて、その姿を見ることはできなかったが、ラジオから流れる艶っぽい声音に魅かれて、毎週夢中で聴いていた。

その頃になると漠然と「噺家になりたい……」思うようになっていた。クラスメイトのあいだでは私が落語好きだと知ると面白がって「一席演れ！」と言い出す奴が出てきた。私が「絶対に嫌だ！」と固辞しても、お調子者がわざわざ自宅から座布団を持ってきたことで、押し切られてしまった。

無理矢理、教壇の上に敷かれた座布団に座らされたことで、渋々と丸覚えしている志ん生の『火焔太鼓』をしゃべり始めたが、クラス全員の視線に耐え切れず、すぐに「みんなの目が熱過ぎて恐い」と言って、鉢巻がわりにタオルで自分の目を覆ってしゃべることにした。

「目は口ほどにモノを言う」とはよく言うが、落語を演る上で目を隠すというのは、表情を捨てる訳だからマイナス以外の何ものでもないのだが、それでもクラスメイトにはこちらが驚くぐらい受けた。もちろん友達がやるのだから、面白がっていた部分もあっただろうが、彼らにとって落語という未知の芸能を心から楽しんでいることは、笑い声から伝わってきた。私は内心「自分の技量は満更でもないかもしれない……」と思った。

さらに落語漬けだった高校〜社会人時代

高校生になると、当時盛んに行われてい落語番組の公開録音にハガキを送るようになり、ＴＢＳの『爛漫ラジオ寄席』には何度となく出掛けた。

何回か通ううちに惹かれたのが、若き日の柳家小三治の高座だった。この日の小三治は師匠五代目柳家小さん譲りの『禁酒番屋』を演ったが、確かな演技力と人物描写に魅了されていた。

やがて寄席や公開録音に通ううちに、いつしか小三治を追いかけるようになっていった。高校卒業後に就職してからは、寄席やホール落語会、地域の勉強会などに通う一方、上野本牧亭で隔月にやっていた「三人ばなし」の常連になり、いつしか「この人の弟子になろう」という思いを強く固めていった。

高校は卒業したものの、プロの噺家になるという現実に、踏み切れないでいた。もちろん「芸人になるには、生半可な気持ちでなれるものではない」という思いもあったが、それ以上に、雑誌のインタビューに答える小三治の記事を読むと、芸に向き合う姿勢が人一倍厳しいことがひしひしと伝わってきた。「この人の弟子になるには、相当の覚悟が必要だ」と怖気づいた部分があった。

落語評論の著書を多く書いている矢野誠一の『にっぽん藝人気質』（一九七九年、レオ企画）のなかに「趣味が豊富で友達として付き合うならこれぐらい楽しい男はいないが、もしも自分がまだ若く噺家になりたいと思っても、この人の弟子だけは避けるだろう。それは噺家として彼ほど落語に真摯に向き合っている男はいないということで、当然その厳しさは自分の弟子に対しても求められることになるのは、容易に想像出来るからだ」。

このようなことが書かれていたことも、弟子入りを決断することに躊躇させた。「大学に進学した連中は、四年間学生生活を謳歌して社会人になる。オレにも四年の猶予はあるだろう。それまでどこかに勤めて、お湯がグラグラ沸騰するように『どうしても、噺家になりたい！』という気持ちが抑えきれなくなったら、弟子入りしよう」と思い、腰掛けのつもりで整版会社に勤めることにした。

四年間の社会人生活はそれなりに充実していたが、相変わらず噺家になりたいという思いは、怖さが先に立って踏ん切りが着かなかった。それは熱湯が吹きこぼれるというより、低温状態の生煮えのままどんどん蒸発していくような感覚に近く、気持ちばかり焦っていた。

会社に就職して丸四年が過ぎた五月。意を決して上司に辞表を提出した。同僚は「どんな仕事に就きたいかは分からないけど、せめて夏のボーナスを貰ってからでも良いんじゃないの」と言ってくれたが、リミットを超えたと感じていた私は、退路を断つ思いで会社を辞めた。それでもまだ逡巡していた私は、それから三カ月ほど無駄な時間を過ごした末に、自分を奮い立たせるようにして弟子入りを決行した。

ファーストコンタクト

私が高田馬場の小三治の自宅へ行ったのは昭和五十七年八月十五日、その三日前に二十三歳になっていた。小三治は前日の「三人ばなし」でネタおろしを終えて、気分的にも一段落しているだろうから「このタイミングなら良いだろう……」と勝手に思い込んでいた。

この日は池袋演芸場と上野・鈴本演芸場の昼席を掛け持ちしていることはあらかじめ調べていたので、昼過ぎに小三治の自宅前に着いた。それでもこの期に及んでインターホンを押す勇気がなく、玄関から小三治が出て来るのをひたすら待った。

ところが、そろそろ寄席の上り時間になるというのに一向に姿を現さない。「もしかして今朝早くどこか地方の仕事にでも行ってしまったんだろうか?」。不安に感じながらも待ち続けると、ようやくオートバイ用のつなぎ服を着た本人が玄関のある二階から降りてきた。

意を決して必死に弟子入りを乞うと、愛車のバイクをいじりながら「オレは弟子は取らないし、これから寄席に行かなくちゃならないから」とだけ言い残すと、エンジンを掛けてあっという間にバイクに乗って走り去ってしまった。あまりにも短い出来事に呆気に取られたものの、一気に緊張から解放されて大きく息を吐いた。

もちろん、スンナリと弟子に取ってもらえるとは思っていなかったので、小三治が帰って来るのを待つことにした。

「寄席を二件済まして帰ってくるのはせいぜい二〜三時間後くらいだろう」という勝手な思い込みとは裏腹に、待てど暮らせど小三治は一向に帰って来なかった。ようやく戻ってきたときには、長い夏の日もとっぷり暮れて、さらに数時間が経った夜の十時過ぎだった。暗闇のなかから現れたバイクが、家の前に横付けされる。ライトに照らされた私を確認すると「なんだ、まだ居たのか。しょうがねぇなぁ。それじゃ、ウチへ上がりなさい」。私としては再び緊張しつつも、内心では「長い時間、待ち続けた甲斐があった。ここまでやれば熱意が通じて、弟子入りを許してもらえるだろう」という考えがあった。

三階にある小三治の自室に通されると、そこには雑誌で見覚えがあった高価《たか》そうなステレオやレコードプレーヤーが並べられていた。小三治のオーディオ好きは趣味の領域を遥かに超えたマニアックなもので、オーディオ専門誌はもちろんのこと、一般誌のグラビアにも取り上げられていたのだ。

ソファに正対すると、小三治はさまざまなことを訊いてきた。

「生まれはどこだ?」

「千葉県です」地方出身者には訛りが抜けない者が多いという思いがあっての質問だったのだろう。

「とりあえず千葉なら許容範囲の内だろう」ここでも自分に都合の良いことを勝手に考えていた。

「好きな噺家は誰だ？」という問いには正直戸惑った。「目の前にいる人の名を挙げるのは、あまりにもあざといんじゃないか……」と感じ、しばらく考えた後、「円生師匠、志ん生師匠、小さん師匠、志ん朝師匠、談志師匠、まだまだたくさんいます」と答えると、独り言のように「じゃあ、なんでオレのところに来たんだ」と呟かれ、「機嫌を損ねたかな……」と不安になった。

続いて「どんな噺が好きだ？」と訊いてきた。

「好きな噺は、いっぱいあります」と言いながら、最近、落語会で聴いた演目を思いつくままに挙げていった。いくつか挙げたなかの『火焔太鼓』に対して「『火焔太鼓』って、そんなに面白い噺かなぁ？」と独り言のように呟いた。私は思わず「そ、それは、道具屋の亭主と女房のやり取りが面白いし、思いがけず大金を手にして、あわてふためく様子が人間の心理を表しているようで、面白いと思います」そう言っている自分自身が道具屋の亭主以上にあわてふためきながら答えていた。

それにしても不思議だったのは「この人にとって『火焔太鼓』は、それほど面白い噺じゃないんだ」ということだった。「やっぱり落語を捉える考え方が並みの噺家とは違うんだなぁ」と感じた。

こうして演目をいくつか挙げていくなかで、なぜか『紙入れ』という噺に食いついて「『紙入れ』のどこが、面白い？」と突っ込んできた。

予想もしなかった突然の質問に、ここでも戸惑いながら「ええと……女房を寝取られた亭主の人間的な部分が憎めないような気がして……そのあたりが面白いと感じます……」

小三治にしてみたら、もう少し深い答えを期待していたのかもしれなかったが、人生経験の乏しい私は、こう答えるのが精一杯だった（後年、小三治本人が『紙入れ』の登場人物のように、亭主の留守においしいことをする若者と同じような経験をしたことがあったことを、『民族芸能』の会報誌で知ることになるのだが）。

ひと通りの質問が終わった後、突然「何でもいいから落語を一席しゃべってみなさい」と告げてきた。またまた驚き「私は素人が変なしゃべり口調を身につけるのはプロの噺家になったときに邪魔になるだけだと思っていたので、中学時代にクラスメートに勧められて無理矢理に演らされた以外は、人前で落語をしゃべったことはありません」と答えると、「それはある意味ではそうかもしれないが……」と前置きして「だけど、例えばキャッチボールを満足にできない奴が、いきなり『プロ野球選手になりたいんです！』と言っても無理な話だろう。オレはコーチじゃなくプレーヤーなんだ。もし君が噺家になったとしても、手取り足取り教えるつもりは更々ない。プロを目指したいというなら最低限キャッチボールくらいは見せなさい」という言葉に圧倒されてしまった。

「じゃあ、何を演ろうか……」と考えあぐねた末、普段寄席で一番耳に馴染んでいる『子ほめ』を演ることにした。緊張しながらも恐る恐るしゃべっているうちに、いつの間にか登場人物の気持ちになっていて、不遜にもプロの噺家を前にして夢中になっていた。

しばらくは黙って聞いていた小三治が途中で制して「まぁ、訛りはなさそうだな」と言った後、「ちょっと、この新聞を読んでみなさい」と言いながらテープレコーダーを手元に置いて、私に新聞の朗読をさせると、それを録音し始めた。このときの新聞記事は、東京新聞の八月十二日の夕刊に掲載されていた「反射盤」と呼ばれる記者が書いたコラムで、冒頭部分は今でもハッキリと覚えている。

「先週、この欄にオナガのことを書いたが、あの原稿を書いた翌日の夜半、浅間山麓一帯は、台風十号に直撃された……」

戸惑いながらもここまで読むと、「その辺で良い」と言ってから、「君のしゃべりを聞いていると、流れから判断すれば何となく言ってることは分かるけど、言葉の一つひとつが聞き取りにくい。つまり言葉が立っていないんだ。口跡が悪いんだな」と言いながら録音したばかりのテープを再生してみせた。

「頭の部分の『先週、この欄に』の〈先週〉が、きちんと〈センシュウ〉と聞こえず〈ヘンシュウ〉と聞こえるだろう。『オナガのことを書いたが』も〈オナガ〉ではなく〈オアガ〉に聞こえるし『直撃された』の〈チョクゲキ〉も〈チョクエキ〉にしか聞こえない」

指摘された通り、テープから流れてくる私の声は自分の耳で聞いても〈ヘンシュウ〉〈オアガ〉〈チョクエキ〉にしか聞こえなかった。

愕然としている私に、小三治は言葉を続けた。「君が不明瞭な発声をすることで、お客が一瞬でも『今、なんて言ったんだ?』と思ったら、その時点で噺の世界はぶち壊しになるんだよ。これは、ひとりで物語を進めていく落語という芸において致命的な欠陥なんだ。他の人はともかく、これではとてもじゃないがオレは弟子に取れない。キャッチボールも満足にできない奴を教えてやるほどオレはヒマじゃねえ」

一言も返す言葉がなかった。「弟子になりたい……」という熱意さえ訴えれば何とかなるだろうと考えていた私にとって初めて受けたプロの洗礼だった。落胆しながらも断られる理由には納得していた。それでも家路に着く頃には「それじゃあ、なんとしても言葉が立つようなしゃべりをモノにしてやろう」という気になっていた。

今にして思えば、このときにアナウンサーの学校にでも通って、徹底的に日本語の矯正をしておくべきだったのかもしれないが、当時の私は弟子入りするため、退路を断って四年間勤めていた会社を辞めたことから、満足な蓄えもなく経済的な余裕はなかった。とにかく、日々の生活のなかで意識的にゆっくりと正確にしゃべることを心掛けるようにすれば、口跡の悪さも自分自身で直すことができるだろうと信じて、喫茶店のウェイターのアルバイトをしながら次の機会を狙っていた。

二度目の入門志願

およそ半年後。二度目に弟子入りを頼みに行ったときも、完璧に口跡を直せたという自信はなかったが「一日も早く噺家になりたい」という思いから「一つひとつの言葉をゆっくりしゃべれば何とかなる。熱意さえ伝われば分かってもらえる」と勝手な思い込みをしていた。

再び時間を取ってくれた小三治は、「このあいだ弟子をひとり取ったばかりなんだ。今、ウチは前座が三人もいて手一杯なのに、これ以上弟子を取る気にはとてもなれない」と前回とは全く違う理由で断られてしまった。それでもしつこく粘り続けると、その日は予定があったのだろう。「しょうがねぇなぁ。とにかく今日は勘弁してくれ。それじゃあ明日、昼の二時に来なさい」と、もう一度会うことを約束してくれた。

翌日、「ウチに来る前には事前に電話をするように」と言われていたので、高田馬場に向かう途中で電話を入れると「ゆうべいろいろ考えたんだけど、今のウチの現状では、やっぱりこれ以上弟子を取るのは物理的に無理なんだ。君も落語が好きなら『阿武松』という噺を知ってるだろう。新しい師匠の元で精進することで、前の師匠を見返すことになる。そんなに噺家になりたいんなら、どこか他の師匠のところで頑張ってみたらどうかな」と、電話口での門前払いに、粘ってはみたものの結果に変わりはなく、「このまま行っても会ってもらえる可能性は薄い」と諦めざるを得なかった。

そうはいっても、私には小三治以外の弟子になる気はなかったので、この時点で噺家になることは不可能になった。ずっと後になって、このときのことを兄弟子小のりは「あのとき、オレそばに居たんだよ。電話を切った後で師匠が『落ち込んでたよ。何だか可哀想なことをしちゃったかなぁ』って言ってたよ」と教えてくれた。

落胆しつつも、今度はアルバイトではなく、本気で就職先を探さなければならないと感じた。その後、スーパーの青果部門に採用されると「これからは趣味で落語を聴きに行こう」と考えるようになり、寄席やホール落語、各地で行われる勉強会や「三人ばなし」にも再び通うようになった。

当時「三人ばなし」は、講談の定席・上野本牧亭で偶数月の十四日に行われていた。中入りの時間に楽屋へ顔を出し、小三治には弟子入りの際に迷惑を掛けたことを詫びて、手土産の海苔を差し出した。小三治は快く受け取ってくれて「しっかり、仕事を頑張りなさい」と言ってくれた。

こうして一度は落語への思いを断念したものの、その後もあちこちの落語会に出掛けるうちに「やっぱり、どうしても噺家になりたい」という思いに再び火が点いてしまっていた。

父親の口から出た『火事息子』の台詞

それからおよそ二年半のあいだに、何度か弟子入りを志願するも、その都度断られ続けたが、最終的には小三治が根負けするかたちで、「それじゃあ、両親を連れてきなさい」という一言をようやく取りつけたのは、昭和五十九年十二月だった。

自宅に戻ると初めて両親に、「小三治の弟子になりたい。両親を連れてくれば会ってくれる約束だけはしてきたので一緒に行って欲しい」と話した。堅気の仕事に就く訳ではないので、当然心配はあっただろうが、もともと職業に貴賤を持たない両親は、一人息子の願いを承諾してくれた。

約束の日、絶対に遅刻だけはする訳にはいかず早目に家を出たところ、高田馬場には約束の時間よりもかなり早く着いてしまった。両親と近くの喫茶店で時間を潰し、定刻ピッタリに訪問した。

翌日、兄弟子の九治からは「兄《あん》ちゃんって、ホントに時間通りピッタリに来たね。時報みたいな奴だな」と、弟子入り早々にいじられることになった。

緊張するなか、小三治は私の父に「とにかく彼には何度も断ったんですが、聞き入れてもらえませんでした。正式に弟子を取った訳ではありませんが、取りあえず様子を見にウチに来ることは認めます。ただし今後彼が噺家になったとしても、ウチでは経済的な支援はできません。まぁ、メシぐらいは食べさせてやりますが、それ以外の生活費や諸々のことは面倒見切れません。その点について、お父さんは覚悟できてますか?」という問いに、父は「私も諸手を挙げて賛成した訳ではありませんが、本人がそれだけやりたいと言うなら、仕方ないのかなと思っています。お金に関しては、私の知らないところでコッチ（母親）が小遣いを渡すかもしれませんんが」と答えてくれた。

後日、この日のことを友人に話したところ「何だか『火事息子』みたいだね」と言われた。言われてみれば、確かに落語の『火事息子』に出てくる父親の台詞にそっくりだが、そのときは弟子入りしたいという思いが強過ぎて、彼に言われて初めて気が付くことになった。

入門から数日後の十二月十七日は、小三治の誕生日だった。毎年この日は忘年会を兼ねて小三治の家族と弟子が集まり、ささやかなパーティーが開かれているようだった。私は弟子以前の「様子見」という立場ながら、初めて身内だけのアットホームで暖かい集まりに参加できたことで「自分もその一員に加えてもらった」という喜びが湧き上がっていた。

翌日お内儀さんからこの日の集まりについて「どうだった？」と訊かれ、「いきなりこんな楽しい集まりに参加できて嬉しかったです」と答えたことを覚えている。

ひとり暮らしを始める

入門の許しを得ると、私はその足で小三治の家のすぐ近くにある不動産屋に向かった。それまでは両親と同居していたのだが、自立をする意味でもこれからは小三治の家の近所にあるアパートを借りて、そこから通うことにしたのである（もっとも自立といってはみたものの、経済的には親の脛をかじることになるのだが）。

「とにかく、高田馬場で駅から近くて安いところが良いんです」という条件だけを言うと、駅から徒歩十分ほどのところにある三畳一間風呂無しトイレ共同という、絵に描いたような貧乏アパートを紹介してくれた。陽当たりは悪く、窓の向う三十センチには隣りの家の壁が塞いでいて、日差しはほとんど入って来なかった。一年を通しても晩秋のわずかな期間、数時間ほど西日が斜めに射しこむ程度の部屋だったが、寝る場所さえ確保できたら一向に構わなかった。

最低限の生活用品を持って引っ越すと「ここから俺の噺家人生が始まるんだ」という思いで胸が熱くなった。

見習いの日々

前座の修業中は、とにかく迷惑の掛け通しだった。小三治はもちろんのこと、当時高校生や中学生だった小三治家の三人の子供たちにも、様々なかたちで迷惑を掛けたと思う。なかでもお内儀さんには、ここには書き切れないほどの迷惑をかけ続け、ストレスを与える日々が続いた。

当時の小三治には、つむ治・九治・小のりという三人の前座が居た。小三治は中堅の噺家として既に売れてはいたが、大豪邸に住んでいる訳でもなく、狭い家のなかには常に三人の前座がいて、それだけでも定員オーバーな状況だった。それが更にもう一人、取り分け気の利かない男が増えた訳だから、お内儀さんの気苦労は並大抵のものではなかったはずだ。

それまで家事など碌にしたことがない男がやる、修業という名の諸々の雑事には、常にしくじりが付き物だった。味噌汁に火を掛けたものの、そのガスレンジの近くにお椀を置いて焦がしてしまったり、お内儀さんお気に入りの皿を割ってしまったり、換気扇の掃除を言いつかったものの、分解したら元に戻すことができなかったり、洗濯物を干したまま帰ってしまい、雨に濡らしてしまったり……と、思い返してみても毎日何かしらのしくじりをしていたような気する。

鼻濁音のこと

しくじりは、師匠の小三治に対しても様々なかたちで起こし、その都度、不機嫌にさせることになるのだが、ある日、鼻濁音で小三治を怒らせることになる。

「今日の寄席の上り時間は、どうなってる?」と訊かれ、「上野が○時○分で、浅草が×時×分です」と答えると、「〈上野が〉の〈が〉は〈んが〉だ! お前、鼻濁音もできないのか!」と一喝されてしまった。恥ずかしながら私は、その時まで鼻濁音というものを知らず、大学時代にアナウンス研究会に所属した経験のある九治に初めてその発声法を教わることになる。幸いなことに鼻濁音は知らなかっただけで、その後は意識すればすぐにできるようになったのだが「こんなことは入門以前に当然知っておかなければいけないことだった」と反省した。

小三治の〈鼻濁音〉の厳しさは、弟子はもちろん楽屋でも知れわたっていた。ある夏の日の新宿末広亭。当時、将来を嘱望され人気・実力を兼ね備えた二ツ目が、高座で『たがや』を掛けていた。楽屋で聞いていた小三治は、高座を終えて降りてきたばかりの彼に向かって「『たがや』の〈んが〉は鼻濁音だろう! お前、そんなこともできないのか? ここで言ってみろ」と。

彼は前座が自分の着物を畳んでいる横で、肌襦袢を着たまま何度も何度も繰り返し、鼻濁音を矯正させられることになった。

一言で空気を変えた『子別れ(中)』

東横落語会は戦後発足した数あるホール落語のなかでも、厳格なまでに格式を重んじる特別な存在だった。レギュラーメンバーを桂文楽、古今亭志ん生、三遊亭円生、桂三木助、柳家小さんの五人に固定して、その演目も各人の十八番を中心に構成されていた。ただし、会場の東横ホールは渋谷東横百貨店の最上階にあり、このビルの三階は地下鉄銀座線の渋谷駅に直結していることから、電車が通るたびに地響きのような音が鳴るという、落語を落ち着いて聴くには不向きな環境だった。また収容人員が千人以上の大きな会場ということもあり、真ん中から後方の席になると演者の表情が観にくいという欠点もあった。さらに建物そのものが古いことから、音響面でも落語を聴きやすいとはお世辞にもいえなかったが、厳選された出演者と選び抜かれた演目の魅力から会は毎回盛況だった。

一九五六年（昭和三十一年）から始まった会は、途中、三木助、文楽、志ん生など物故者も出たが、その都度欠員を埋めるように金原亭馬生、古今亭志ん朝、三遊亭円楽、立川談志が出演するようになった。小三治も会の最後期にはセミレギュラーとして、しばしばトリを務めるようになっていた。

一九八五年（昭和六十年）一月二十五日、第二八九回は、小三治がトリで『子別れ（中）』を出していた。私はついひと月前に様子見を許されたばかりの身でありながら、夕方、高田馬場の小三治の家を出ると、そのまま渋谷へ向かった。本来、噺家は同業の高座は舞台袖で聴くのが礼儀であり、客席にまわって聴くことなど許されない。ましてや弟子入りしたばかりの見習い以前がこのような無断行動をするのは絶対に許されないのだが、「師匠の『子別れ（中）』を聴きたい」という強い思いに勝てず、当日券を買って最後部の席を確保してしまった。

小三治は『子別れ』を〈上〉〈中〉〈下〉の三部作に分けて口演することが多かったが、なかでも〈中〉は出色の作品になっていた。〈上〉は『強飯の遊び』、〈下〉は『子は鎹』の別名があり、多くの演者が手がけるのに比べて、〈中〉は地味な印象からかあまり演り手がなかった。しかし見方を変えれば、じっくり聴かせるタイプの噺ということになり、演者にとっては演り甲斐があるともいえる。小三治は独自の解釈や工夫を加えて磨き上げ、聴きごたえのある一級品に仕上げていた。
問題だったのは、この日の番組構成だった。

佐々木政談　入船亭扇橋
道具屋　柳家小さん
明烏　古今亭志ん朝
仲入り
らくだ　立川談志
子別れ（中）　柳家小三治

本来、膝の位置の芸人はトリの演者を立てる意味で、前座噺などの比較的軽いネタを掛けるというのがルールなだけに、『らくだ』というのはセオリーを無視したネタ選びということになる。お客にとっても『らくだ』『子別れ（中）』の大ネタを立て続けに聴くというのは、胃にもたれるような負担を感じさせる構成だった。これは誰が見ても兄弟子である談志が小三治に向けた嫌がらせに他ならない。談志としては自ら十八番と自認する『らくだ』をトリの前に熱演することで、お客に満腹感を与え、小三治が上がる前にお客をごっそり帰してしまおうという腹づもりだったのだろう。

事実、この日の『らくだ』は客席を引っ掻きまわすように、酒乱になった屑屋は吠えるわ、脅すわ、悪態をつくわ……と、手の付けられない過激な人物になっていた。談志が高座を降りても会場内のざわめきが収まらなかったが、その思惑とは裏腹に席を立つ人は皆無だった。

やがて高座に小三治が現れ座布団に座ってお辞儀をしても、前の高座の強烈な余韻は残っていた。こういう場合、並の噺家なら、何か言い訳めいたことを言いたくなるところだが、小三治はひとつ大きく深呼吸をすると、「『朝帰りだんだんウチが近くなり』……」いきなり本題に入ってみせると、その一言で会場の空気を一変させてしまったのである。それからあとはすっかり小三治の思うがまま、千人の観客をその噺の世界に誘ってしまった。

そして四十分にわたる高座が終わったときには、あれだけ強烈だった談志の熱演はすっかりかき消されていた。「師匠、かっこいいなぁ……」私は心の底から感服した。

ファイルブックと羽織

様子を見に来ても良いという許しを得たということは、実質的に見習いの修業に入り、兄弟子たちから家のなかの様々な雑事を教えてもらうことになる。掃除や炊事、買物から小三治の肌襦袢や足袋をアイロンに掛ける手順等々、日常生活の細々したやり方はもちろん、前座として楽屋で働くために必要な着物・羽織の畳み方、太鼓のたたき方も丁寧に教えてもらった。

しばらくして小三治から「オレが昔、取材されて載った雑誌があるから、それを切り取ってファイルにまとめておいてくれ」と言うと、いきなり数十冊にもなる大量の雑誌を渡された。落語に関するインタビューが掲載されたものはもちろんだが、そのなかでもひと際多かったのが、オーディオ関連のものだった。

とにかく何十冊もある雑誌をアパートまで運ぶことになったのだが、オーディオ雑誌というのは、ことのほか重たく難渋することになる。あまりの量の多さに一度では運びきれず、三往復ほどしてようやく全部自宅に持ち帰ると、該当ページを切り取っては年代順に並べかえ、およそ三日ほどかけてファイルにまとめた。手前味噌だが、この作業は私が過ごした短い前座修業のなかでも、一番良くできた仕事だったと思っている（こんなことぐらいしか自慢できないというのも情けない話だが）。

できあがったファイルを小三治に渡すと、特別何か言われることはなかったが、ページをめくる表情から仕上がりに満足していることはすぐに分かった。それは「こいつに何かメシを作ってやってくれ」とお内儀さんに言ってくれたことでも充分に伝わり、嬉しさは頂点に達した。

お内儀さんが作ってくれたご馳走をおいしくいただくと、小三治から「ここにある着物と羽織を畳んでくれ」と言われて愕然となった。兄弟子に教わって以来、着物は家に帰って何度となく畳む稽古をしていたが、羽織は自分のものを持っていなかったことから、初めに教わって以来、ほとんど畳むことがなく、すっかり手順を忘れていたのだ。

もちろん、こんなことは言い訳に過ぎず、兄弟子に頼んで羽織を貸してもらい、稽古をしておけば良かったことなのだが……。

羽織を前に悪戦苦闘する私を見て、それまで上機嫌だった小三治はみるみる不機嫌になり、「お前はまだ羽織も畳めないのか！」と雷を落とさせることになった。その後は、落ち込む私を気の毒に思ってくれたお内儀さんが丁寧に畳み方を教えてくれた。

柳家小多け誕生

入門を許されてから半年あまり。相変わらずしくじりが減らないことから、私は芸名を貰えないままでいた。

つむ治からは「兄《あん》ちゃん、長いよなぁ。オレなんか入ってひと月ぐらいで付けてくれたけど」と言われた。しくじりが原因で名前を貰えないのは、自業自得だから仕方ないとは思っていたが、いつまでも本名で呼ばれるというのは、弟子として認めてもらえていないことになり正直辛かった。小三治には言えたことではなかったが、当時の私には密かに自分で考えた名前があった。

当時、地下鉄高田馬場駅の早稲田口近くにとんかつ屋があって、この店が「とん治」という屋号だった。「とん治」は「豚児」に通じて、しくじりの多い自分にはピッタリ合うし、前座名としてもシャレが効いている。おまけに「柳家とん治」というのは字面が良いだけでなく耳で聞いてもわかりやすい。

「愛嬌があって良い名前だよなぁ」

そんなことを勝手に思っていた。

そんなある日のこと、お内儀さんから「もしかしたら〈小多け〉をもらえるかもしれないわよ」と言われたときは、びっくりした。〈小多け〉とは、小三治が師匠である五代目柳家小さんから初めてつけられた芸名である。弟子にとって、師匠が名乗った名前をもらえるというのはこれに勝る喜びはないが、まさか自分がその栄誉に浴するとは考えてもいなかった。

「オレが〈小多け〉？」

名前を付けてもらえることは嬉しかったが、正直信じられなかった。〈小多け〉と〈とん治〉では雲泥の差だが、私にはこれを額面通り素直に喜ぶ気にはなれなかった。小三治に真打の声が掛かり、当時二ツ目で名乗っていた〈さん治〉から〈小三治〉に改名すると、新聞記者から「将来の小さんはあなたですね」と言われたそうだ。小三治の師匠である小さんも前名が小三治だったことから、新真打に対する期待をこめたはなむけの言葉だったのだろうが、言われた当の本人は「名前なんて、人間を見分けるだけの記号みたいなもんじゃねえか」と思ったというエピソードを知っていただけに「小多けをくれるかもしれない」という真意が、私には分からなかった。


七月の上旬。突然小三治から「ヘルメットをかぶって、オレのバイクの後ろに乗れ！」と言われ、初めて目白にある柳家小さん邸に連れて行ってもらった。目の当たりにする小さんを前に、私の緊張は頂点に達した。小三治は「これは、お中元です」と言って、真新しい下着数着を小さんに渡すと「こいつは、今度弟子にしました。〈小多け〉を付けたいと思うのですが、よろしいでしょうか？」と訊いてくれた。小さんは一言「おう」とだけ答えて、あっさりと私の名前は決まった。「様子見」で来ることを許されてから八カ月。長いあいだ本名で呼ばれていたのがウソのように、実に呆気ないものだった。

小さんの家を出ると、バイクにまたがった小三治は「そういうわけで決まったから、ウチに帰ってカミさんや兄弟子たちにも伝えておけ」。

それだけ言い残すとエンジンを掛けてどこかへ行ってしまった。一人残された私は、夢を見ているようにフワフワした足取りで目白駅に向かったが、そのうちに嬉しさがこみ上げてきた。それは自分が敬愛する人の前座名を貰えたというよりも、名前が付いたことで「ようやく噺家の見習いとして認めてもらえた」という率直な喜びだった。

今にして思うと、小三治は新弟子が入ると、お中元やお歳暮を小さんの家に持って行くタイミングで連れて行ったのかもしれない。私が小三治に「様子見」を許されたのは十二月の半ば過ぎで、その時点では既にお歳暮を済ませていたため、翌年の夏のお中元の時期までずれ込むことになったのではないか。

考えてみれば、新しく入った弟子を紹介するためだけに、わざわざ小さんに時間を作ってもらうというのは失礼な話である。お中元を持って行くという大義名分があるから、そのついでに弟子を連れて行くと考えるのが自然だろう。名前をなかなか付けてもらえなかったのは、単に入門した時期が悪かっただけなのかもしれないが、落語界ではこういうタイミングがズレた人間のことを「間の悪い奴」という言い方をする。それと同時に、しくじりが多いということも「間が悪い」という一言で片づけられてしまうところがある。そういう意味で私は、一事が万事「間の悪い奴」だった。

次の日、小三治は私に一枚の半紙をくれた。縦に二つ折りした右半分には［藝名　柳家小多け」と

あり、左半分には「十代目柳家小三治」と書かれてあった。

小三治の書く書は楷書のなかにも柔らかみのある味わい深い筆で、古今亭志ん朝はこの文字が気に入って、新居を建てたとき表札を小三治に頼んだという。私は有り難くその半紙をいただき、噺家の

末席に入れてもらえたことを実感した。

行けなかった成田詣り

大師匠である小さんへの目通りを無事に済ませた数日後のこと。落語協会事務局から小三治の許へ浴衣の生地が届いた。落語協会は毎年七月三十一日を例会に定めていて、この日は協会に所属する噺家（前座・二ツ目）はもちろんのこと、漫才や太神楽・奇術・紙切りなど色物と呼ばれる芸人、さらに下座と呼ばれるお囃子さんたち、協会の事務員までが参加して親睦を深める恒例の催しだった。行き先は成田山新勝寺、浅草の浅草寺、また落語の『大山詣り』で有名な神奈川県伊勢原の大山寺など数カ所あるが、この年は成田詣りに決まっていた。

そのため、この日だけは昼席はお休みになり、全員が揃いの浴衣を着ると貸切バスに分乗して、わいわい騒ぎながら目的地に向かうことになる。名目上は神社仏閣に参詣して、会員同士の健康や、寄席にお客がたくさん来るよう祈願するということになるのだが、その大半は『大山詣り』同様、参詣の後の宴会を楽しみに参加するお騒がせ集団なのである。

協会から届いた浴衣の生地は、小三治と弟子たち全員分あった。私はまだ寄席に出ていないことから、兄弟子の一人が気を遣ってくれ、小三治に「小多けの分も、もらって良いんでしょうか？」と尋ねると、「構わねえよ」とのこと。私は有り難く生地一反をいただくと、すぐに祖母に頼んで浴衣に仕立ててもらった。

七月三十一日当日は、一門の全員が小三治の家に集まり、揃いの浴衣を着て、貸切バスがある集合場所へ行くことになっていた。私も卸し立ての浴衣に袖を通し、兄弟子たちと今日のイベントを楽しみにしていたのだが、小三治は私を見ると「オレは生地をやるのは構わねえと言っただけだ。お前はまだ協会員じゃねえんだから、今日の参加は認めねえ」と言われてしまい、みんなを見送るとそのままアパートへ帰ることになった。

小三治は「浴衣まで拵えて、あいつも行くつもりでいたのか。だけど、楽屋デビューもしてない奴を連れて行く訳にもいかねえだろ」と言ってから、「でも可哀想なことしちまったかなぁ……」と呟いていたという。

『道灌』を教わる

名前こそ貰ったものの、相変わらず小三治の家での雑用は続いた。

小三治は覚えの悪い私を見て、「こいつは、まだ楽屋では働かせられない」と思っていたのかもしれない。暑い夏も終わり秋風が吹く頃になって、ようやく楽屋で働くことを許した小三治は、協会の事務局に私を「見習い」として登録してくれた。

それと前後して、弟弟子である柳家小里んに自ら電話を掛けて「新しい弟子に『道灌』を教えてやってくれないか……」と頼んでくれた。

小里んは柳家小さんの弟子だが、初めは小三治のところに弟子入りを志願したという。ところがその時点では、小三治は二ツ目の身分だったことから弟子を取ることができず、師匠である小さんの弟子になったという経緯がある。

そういう流れから、小さんは彼の前座名に「小多け」と付けたようである。小三治が私のために、小里んに稽古を頼むということは、ややこしい言い方をするなら、初代の「小多け」が三代目の「小多け」のために、二代目の「小多け」に稽古を依頼したことになる。他人様にとってはどうでも良いことかもしれないが、私には目に見えない運命の繋がりのようなものを勝手に感じていた。

「それにしても、わざわざ私のために師匠が電話をして稽古を頼んでくれるなんて……」

名前をつけてもらった次に、忘れられない嬉しい出来事だった。


噺家には一門によって最初に覚える噺というのが決まっている。

彦六で亡くなった八代目林家正蔵は、入門したばかりの弟子に『からぬけ』を、六代目三遊亭円生は『八九升』を教えたという。小さん一門では『道灌』であり、もともとその弟子である五代目立川談志も、最初に弟子に教えるのは『道灌』だったという。

もちろん、小さん一門だから絶対に『道灌』を最初に教わるという決まりはないが「自分も、柳家の噺家として『道灌』から出発するんだ」という喜びがあった。

柳家さん喬の一番弟子である柳家喬太郎は、自著『落語こてんパン』（二〇〇九年、ポプラ社）のなかの第一回に『道灌』を取り上げている。この噺自体、取り立てて大きな受けどころもない地味な噺なのだが、演れば演るほど魅力が分かってくる部分がある。喬太郎もまた柳家の噺家として最初に教わったのが『道灌』で、それだけにこの噺に対する愛着があるようだ。「将来『道灌』でトリを取れるようになることが夢だ」と語っていて、私にもこの気持ちはとてもよく理解できる。『文七元結』や『唐茄子屋政談』『子別れ』といった大ネタ人情噺でトリを取るというのは、お客にとってはもの凄いことのように思うかもしれないが、これらの噺はストーリー自体がよく出来ているので、ある意味、キャリアを積んでいれば、よっぽど下手でない限り、筋を追うだけでも聴いていられる部分がある。

しかし『道灌』の大半は、隠居と八五郎の他愛ない会話が続くだけで、これといった山場もない。それだけに、開口一番で前座が演るならともかく、この噺でトリを取るとなると生半可な技量では到底お客に納得してもらえない。それも噺家自身が「いかにも凄いでしょ」という姿を見せつけずに、さり気なく演ってお客を満足させることができたら、噺家としてこれに優る喜びはないだろう。

二年余りの前座修業で、私が覚えた噺は『道灌』『たらちね』『堀の内』『厄払い』『黄金の大黒』の五つだった。噺そのものは今では忘れてしまったが、それでも『道灌』という噺には、特別な思い入れがある。

寄席の楽屋

ついに、私も楽屋入りを許されるようになった。昭和六十年の十一月下席、上野鈴本演芸場の夜席だった。「取りあえず、様子を見に来て良い」と許されてから一年近くが経っていた。

寄席での前座の仕事は「立前座」「太鼓番」「高座返し」の三つに分けられる。

「立前座」の主な仕事は、寄席のプログラム全般を管理することである。その日の進行状況を把握して、時間が延びているようなら次の芸人に短く演ってもらい、そのあとの芸人の楽屋入りが遅れるようなら長めに演ってもらうようにお願いすることになる。また、ネタ帳と呼ばれるその日の演目を帳面に書く仕事から、出演者にワリと呼ばれるギャラを渡すのも立前座の仕事になる。

「太鼓番」というのは、ポジション的には一番楽な位置になる。高座の脇にある太鼓部屋と呼ばれる場所で、出囃子や色物の太鼓をたたくのが主な仕事だが、寄席によっては前座が足りないと、立前座が兼任することもある。

一番下の「高座返し」は、楽屋入りしたばかりの前座の最初に呼び名になるが、この仕事がとにかく忙しい。

●出演者が交替するたびに、座布団をひっくり返し、次の演者の名前が書かれたメクリを返す（これが名前の由来だが、それは客席から見えるほんの一部に過ぎない）。
●楽屋入りした師匠の履き物を下駄箱に入れる。
●上着や帽子を預かってハンガーに掛ける。
●お茶を出す（因みにお茶は、人に拠って濃い・薄い、熱い・温いと好みが違うし、お茶でなく水を飲む人もいる。とにかく、すべての好みを把握しておかなければいけない）。
●高座に上がる師匠の着付けの手伝いをする。
●高座を終えた師匠の着物を畳む（着物も畳み方が何通りかあり、それらの約束事に沿ってきちんと畳む必要がある）。
●高座を終えた師匠にお茶を出す。
●その師匠が寄席から帰る際には、一足早く楽屋口に行き、下駄箱から履き物を出しておく（履き物を間違えるというのも許されないので、どの履き物がどの師匠のものだったか覚えておかなければいけない）。

その他にも、電話に出たり、お目当ての芸人に会いに来たお客の応対をしたり、時には頼まれて近所へ買い物に行ったりと、いくらでも仕事はある。こうしたことを次々にこなしていかなければならないので、仕事を覚えるまでは神経をすり減らすことになる。

もちろんこれらすべてのことを、高座返し一人がやらなければならない訳ではなく、忙しいようなら、臨機応変に立前座や太鼓番の前座が手伝ってくれることもあるが、基本的には楽屋の雑事全般は高座返しの仕事と思っていなければいけない。

ここで大切なことは、どんなに忙しくても流れ作業にならず「常に相手の立場に立って、気を働かせることができるか？」ということになる。山のようにやるべき仕事があると、ともすると作業すること自体を優先してしまい勝ちになるが、大事なことは仕事をこなすことよりも、楽屋にいる師匠たちが居心地の良い空間であるように意識しなければならない。そのためには、自分の存在を殺して師匠たちに負担をかけないことが大切になる。

忙しいことが顔に出てしまうと、それだけで周りの空気は緊張してしまう。前座のうちは、自己主張は許されない。あくまでも脇役に徹して、淡々と仕事をこなさなければならないのだ。

そうした日々の修業の中で培われた気働きこそが、落語を演るときに役に立つことになる。とはいえ、楽屋入りしたばかりの前座は、次から次にやって来る仕事に翻弄されることになる。特に私のように、それまで自分勝手な生き方をして来た人間には、他人様の気持ちを読み説く余裕がなく、ここでもしくじりを繰り返すことになる。

気持ちとは裏腹に、空回りばかりして落ち込むことになるのだが、年が明けると「こんなことは大した仕事ではなかった」ということを、嫌というほど思い知らされることになる。

常軌を逸した忙しさ

正月の寄席は、一年を通じて一番の書き入れ時になる。「年の始めは寄席に行って初笑い」ということから、普段、寄席に足を運ばないお客が家族連れで来ることから、都内のどこの寄席も正月興行は連日大入り満員になる。

お客も大勢来るが出演する芸人も顔見世興行ということで、いつもの二倍から三倍の数になる。芸人の数が多くなるということは一人当たりの持ち時間は短くなり、前座にとってその仕事量は殺人的になる。今、高座返しを終えたと思って洗い場で溜まった茶碗を洗っていると、突然高座を終える合図の太鼓がドンドンと鳴る。すっ飛んで高座返しを終えて、降りてきた師匠の着物をたたんでいる途中で、別の師匠が楽屋入りする。履き物を下駄箱に仕舞いに行き、取って返してお茶を入れに洗い場へ行く。また別の師匠が帰り支度を始めてコートを背中に掛ける。そうこうしているうちに太鼓がなって高座返しに走る……自分が今何をやってるのか判らなくなるぐらい、追い立てられるように次から次へと山のように仕事があふれ返る状態が開演から終演まで続くのだ。

上野鈴本は楽屋も広く、その結果、高座返しの前座は右往左往して駆けづり回ることになる。特にこの当時、初席の三部は小さんがトリだったこともあり、終演間近になると小さんの弟子や孫弟子がぞろぞろやって来て、楽屋は通勤時間帯の満員電車のように立錐の余地もないぐらいあふれ返る。そのなかをかいくぐって楽屋の仕事をこなさなければならないのだから、心身ともにくたくたになるのである。

前座には唯一お年玉という楽しみがあるが、あまりの激務に当時兄弟子の小のりは「お年玉はいらないから休ませてほしいよ……」とこぼすぐらいだった。もっとも二ツ目や真打は前座や下座さんに洩れなくお年玉を渡すことになるので、それはそれで馬鹿にならない出費になる。

前座にとっては肉体的にキツく、二ツ目以上になると慌ただしく忙しい割には出銭ばかりで身入りは多くないということで、正直、噺家にとって正月というのはあまり嬉しくない期間ではある。そんなメチャクチャ忙しい初席、二之席を体験して通常の寄席興行に戻ると、ウソのように仕事が楽に感じることになる。

こうして見習いは、正月の洗礼を受けることで少しだけ逞しくなる。それでも要領の悪い私は小三治の家でも楽屋でも、相変わらずしくじりを繰り返していた。

お内儀さんの憂鬱な日々

当時、小三治の家では庭だった場所を和室に改築するため、毎日大工さんが来ていた時期があった。午前十時と午後三時は大工さんの休憩時間になっていて、その日お内儀さんは「十時の休憩のときに、大工さんにお茶を出してね」と言うと、近所へ買い物に出掛けた。

何が原因だったかは覚えていないが私に緊張感がなかったことは間違いはなく、家の中の用事をしているうちに、十時を過ぎても大工さんにお茶を出すことをすっかり忘れていた。お内儀さんが帰って来て初めてそのことを思い出し、慌ててポットのお湯を急須に注いだところで、怒ったお内儀さんから買ってきたばかりの長ねぎで「パカーン！」と頭を叩かれてしまった。つくづく自分のドジに愛想が尽きたが、その日、上野鈴本の楽屋でこのしくじり話を、一緒に働く前座仲間に披露した。

噺家というのは妙な思考回路を持っていて、一般の人とは違い自分の失敗談を笑ってもらうことで、落ち込んだ気持ちをリセットすることができるのである。ところが話はここで終わらなかった。仲間のしくじり話というのは、芸人にとっては格好のネタになり、この間抜けなエピソードは私の知らないうちに他の寄席で働く前座仲間にまたたく間に伝わっていた。

翌日、池袋演芸場の楽屋で働いていると、立前座が「これ、昨日と今日のワリだよ」と言って、寄席の給金を渡してくれた。ワリはワリ袋と呼ばれる袋に入れられ、二日に一度立前座から出演者全員に渡される。ワリ袋の表には、それぞれの芸人の名前（真打には「〇〇亭〇〇御師匠様」。二ツ目以下には「〇〇亭〇〇様」）と書かれている。その日、私がもらったワリ袋には「柳家小多け様」の小多けの部分に赤い訂正線が二本が引いてあり、その横にはご丁寧に「柳家小ねぎ様」と直してあった。私は仲間のキツいシャレに思わず笑っていた（今にして思うと、こんな了見だから懲りずにその後もしくじりを重ねていったのかもしれない）。

そんななか、シャレでは済まされないしくじりを起こした。しくじりというよりも事件といった方が正しいかもしれない。

確定申告が近づいたある日のこと。お内儀さんから「この書類を西新井の税理士事務所に届けて。

住所は直接電話して訊いて、地図で確認して行ってね」と頼まれた。私は会社勤めの経験こそあるものの、給料は経理任せで、所得税などの税金に関して全く知識がなかった。そのため、税務署と税理士事務所の違いも碌に分からず、一緒くたに考えていた。間抜けなのは、最初に地図を広げて場所を確認した時点で、税務署と税理士事務所を取り違えていた。

電話を掛けて税理士事務所の住所を教えてもらったのだが、すでに思い込みをしている私は頭の中にある税務署の位置だけを勝手にイメージして、半ば上の空で聞いていたのである。電車を乗り継いで西新井駅に着くと、地図で確認しておいた税理士事務所（実際は税務署）へ向かって、何の疑いも持たないまま歩き出した。先方のビルには着いたものの、書類を受付けてくれる部署が見当たらず、近くにいる職員に訊いてみることにした。

「あの〜、こういう書類はどこへ提出したら良いんでしょう？」

間抜けな私は、ご丁寧にも茶封筒から書類を取り出していた。中身を確認した職員は

「これはウチで扱う書類じゃないですよ」

私は腑に落ちないまま、ビルを後にしていた。

さらに私が間抜けだったのは、出掛けるときに税理士事務所の電話番号を控えておかなかったことだ。すぐに師匠宅へ電話を入れて事務所の電話番号を教わろうとしたのだが、生憎お内儀さんは近所にでも出掛けていたものか、呼び出し音が鳴るばかり。結局、諦めてそのまま高田馬場へ戻ることになった。

「向うに行ったんですが、『ウチで扱う書類じゃないです』って言われちゃいました」

「おかしいわね。どこへ持って行ったのよ？　電話で場所、確認したんでしょ！」

「はい、電話してそれから地図で場所を確認して……」

そう言いながら地図を広げて「ここですよね…」と私が指さす場所を見たお内儀さんは、顔色を変えた。

「あんた、どこへ持ってったのよ！　これ、税務署じゃない。あたしが頼んだのは税理士事務所よ！」

ここに至って、初めて自分が重大な間違いをしたことに気が付くことになる。

「す、すいません！」

「だけど、何だって『ウチでは扱わない』って向うが言うのよ？」

「どこへ持って行って良いのか分からなかったんで、中身を見てもらったんです」

「ええっ！　あんた、わざわざこれを広げて見せたの！」

節税対策のために用意した書類を、こともあろうにその税金を徴収する税務署に持って行ってご開帳したんだから、もはやドジの限界を超えていた。

当然のことながら、目一杯に怒られることになったが、翌日、お内儀さんから「あんたを帰してから急に震えが来て、しばらく止まらなかったわよ」と言われてしまった。

世間知らずだったとはいえ、特にこの一件は本当に申し訳なく、今でも忘れられない。

破門を言い渡されたスコップ事件

小三治へのしくじりのなかで最大のものは、何と言っても「スコップ事件」だ。

東京に大雪が降った日の翌朝、積もった雪を片づけるため、小三治から「物置きにあるスコップを持って来てくれ」と言われた。屋上にある物置に行ったものの、おっちょこちょいな私は碌に探しもせず「ありませんでした」と報告した。「おかしいな、そんなはずねえのに……」と思った小三治が物置へ行ってみると、スコップはすぐに見つかった。激怒した小三治は、私の目の前にスコップを突き出すと「ちゃんとあるじゃねえか！　どこに目をつけてやがる！」と怒鳴りつけた。

「すみませんでした！」と謝ってみたものの、この時点では「また、やっちゃったよ」程度の認識しかなかった。落語には『堀の内』や『粗忽長屋』『粗忽の釘』『松曳き』『粗忽の使者』など、そそっかしい人間の出てくる噺は数多くあり、「馬鹿野郎、もっとしっかり見ろ！」と小言を言われる程度の甘い認識しかなかったのである。怒られるのは当然のことだったが、まさかこれが原因で破門を言い渡されることになるとは思ってもいなかった。

今にして思えば、それ以前にも自分が気付いていない数々のしくじりがあり、それらのことが積りに積もった末の爆発だったのかもしれない。小三治の怒りはおさまらず、ようやく事の重大さに気付いて涙を流して詫びたが、逆鱗に触れた小三治は許してくれずとうとう破門になってしまった。

ひと夏のアルバイト

しばらくして母親から「お内儀さんから電話があって『破門はしたけど、協会に届けは出していない……』と言われたわよ」という電話をもらった。その言葉をありがたく思い、それから半年あまりはアルバイトで食いつなぎ、最終的には夏場の長野に行き、農家に泊まり込んで白菜の出荷を手伝いながら、復帰のタイミングを計っていた。それまで肉体労働をまともにしたことがない私にとって、段ボールに入れられた白菜を一日に何百個も担ぐというのは、かなりの重労働だった。さらに白菜畑がある山の上での生活は、ほとんど人と交流することがない。泊まり込みをしている農家の家族以外は、隣りの畑で働く別の農家と、出荷場で白菜を検品する農協の職員ぐらいなもので、一日に会う人はせいぜい十人程だった。

前座として寄席の楽屋で働いていたときは、毎日二〜三十人の芸人と接することになるし、開口一番で高座に上がれば、日曜日の上野・鈴本演芸場や新宿・末広亭では二〜三百のお客の前で一席しゃべることができた。それを考えると、長野での生活は別世界そのものだった。農作業の休憩時間には泊まり込みをしている家族と離れ、一人、広い畑の真ん中でブツブツと『道灌』を稽古していた。

白菜担ぎのアルバイトは秋の声を聞くと終った。

丸々ひと夏を炎天下のなか、直射日光を浴び続けた顔は真っ黒に日焼けしていた。私は三カ月分のバイト代を受け取ると、近くの無人駅から電車に乗り込んだ。そして終点の新宿に着くと、山手線に乗り換えてそのまま高田馬場へ直行した。半年ぶりに会った小三治に、改めて入門を志願した。このときのやり取りはよく覚えていないが、それでも最後には泣きながら「もう一度、やり直させてください」と懇願して、ようやく再び修業することを許された。

この日は偶然にも一門で始めた稽古会の初日だった。小三治はあまり成長の跡が見られない弟子たちに対して、一門で稽古会をすることにしたらしい。

「一度先人の芸をお手本にして、一言一句完璧に覚えることで、話芸の間やテンポを覚えるキッカケになるだろう」ということで、弟子全員に八代目桂文楽の『厄払い』を覚えてくるように指示していた。
やがて一門の兄弟子たちは、夕方になると三々五々小三治宅に集まってきた。私が復帰を許されたことを知ると口々に「良かったね」と声を掛けてくれた。すぐ上の兄弟子だった小のりからは「兄《あん》ちゃん、これでもう大丈夫だよ」と言ってくれたが、正直なところ「今度しくじったら、次はないぞ」という思いはあった。図らずもその憶測は、それから数カ月後に的中することになる。

思い出噺

小三治の弟子になって特に嬉しかった思い出がいくつかある。それを思いつくままに書いてみる。

某月某日
その日、兄弟子たちは寄席の昼席に出てしまって、留守番の前座は新宿の夜席に入っていた私一人だけだった。小三治は昼過ぎに起きてきて、歯みがき・洗面を済ませると、普段は二階のリビングで食事を取るのに、どうした訳か「納豆でメシを食うから、オレの部屋へ持って来てくれ」と私に言いつけた。
電子ジャーからご飯を茶碗によそい、納豆と生タマゴをそれぞれの小鉢に入れたものをお盆を乗せて運ぼうとしたときに、ふと気が付いた。長ねぎを細かく刻んで小皿に乗せると、それをお盆に加えて三階の小三治の部屋へ運んだ。大したことではないのだが、この刻んだ長ねぎを添えたことが良かったのだろう。食事を終え、リビングに降りてきた小三治は珍しく「お前は、気が利く」そう言って五百円玉を十枚、私にくれた。

寄席へ行く小三治を見送った後、当時小三治家で飼っていたシーズー犬を抱きかかえて「師匠に褒められちゃったよ！」と言って頬ずりした。

某月某日

小三治にとって「鈴本独演会」や「三人ばなし」は、数ある仕事のなかでも大きなウェイトを占めていたが、それは弟子にとっても同じことだった。このふたつの会の前座を務めさせてもらえるのは、普段の寄席に上がるのとは全く別の緊張感があった。後年、数は少なくなったが、私が居た当時鈴本の独演会は始めたばかりで、年に五回、大の月の晦日に開催されていた。四人の前座は交代で高座に上げてもらうので、順番が回ってくるのは年に一回ほどなのだが、小三治を目当てに来る客の前で一席しゃべるというのは、名誉なことと同時に大きなプレッシャーでもあった。

その日、開口一番で鈴本の高座にあがった私は『たらちね』を演った。当然のことながら修業中の前座が小三治目当ての客に受けることはなかったが、それでも終盤になって客席からちょっとだけ笑いが起きると素直に嬉しかった。サゲを言ってパラパラとお義理の拍手をもらうと、すぐに太鼓部屋に向かった。

前座が下座さんや兄弟子たちが自分のために出囃子を演奏してくれたことへのお礼の挨拶をするのは、礼儀に厳しいこの世界の約束事なのである。するとそこには、長襦袢を羽織っただけの小三治が立っていた。びっくりした私は「お先に勉強させていただきました」と礼を述べると、小三治は「サゲの間際は、もっとオヤカすように演れ」とアドバイスをくれた。〈オヤカす〉とはこの世界の符牒で、盛り上げるという意味になり「尻すぼみにならないよう、陽気にやれ」ということになる。

「はいっ、ありがとうございます！」

独演会当日は、自分の高座のことで頭が一杯のはずのに、小三治がわざわざ高座の袖に来て、私の噺を聴いてくれていたことに感激した。

某月某日

高座の袖から小三治の噺を見ることとは、素人のときとは違う喜びがあった。当時、小三治が寄席でトリに上がると、一門の弟子以外にも多くの若手真打や二ツ目が集まってきて、その芸を盗もうと固唾を飲んで見つめていた。大勢のお客の笑顔と若手たちの真剣な顔とを見比べていると、自分が柳家小三治の弟子であることに喜びを感じた。「この人が、オレの師匠なんだ」という誇りが湧き上がってきた。

実際、テレビの大喜利番組ではお馴染みの師匠が鈴本でトリを取っても、この師匠の弟子は楽屋のテレビを寝っ転がって見ているだけで、高座の袖に来て師匠の芸を聴くことは十日間のうちに一度もなかった。彼は師匠が高座を終えてから行く打ち上げのために残っているだけで、十年一日の高座には何の魅力も感じていなかったのだろう。そんなことを思いながら、改めてお客や他の一門の兄弟子たちの顔を見ていると「この人の弟子になって良かった」と心底思ったものだった。

某月某日

噺家の世界では、年に二回、お中元とお歳暮を日頃お世話になっている自分の師匠や、噺の稽古をつけてもらった師匠や兄弟子に贈るという習慣がある。

このこと自体は一般人と変わらないが、噺家の世界が特殊なのは贈る相手側に郵送することは決してせず、必ず品物を持参することが礼儀とされている。その際、事前に在宅か否かを確認することは絶対にしてはいけない。確認を取ってしまうと、師匠や兄弟子は多少の用事があっても出掛けにくくなってしまうからだ。その結果、当日、贈り物を持って出掛けて行っても、先方が留守なら日を改めて出直すことになる。そうして贈り物を渡すことができると、受け取った側の師匠は出向いたことを労う意味で「わざわざありがとう。これは電車賃だよ」そう言って渡されるポチ袋には、実際にかかった交通費よりも高額なお駄賃が入っているのである。

効率を優先する現代人から見ると、こうした慣習は無駄に感じるかもしれないが、礼儀を重んじる芸の世界では、そういう気遣いが大切なのである。

ある年の暮れのこと。その日、小三治の弟弟子である柳亭小燕枝がお歳暮を持って高田馬場を訪れた。幸い小三治は自宅にいて「この後、予定がないなら、ちょっと上がっていけよ」と小燕枝を招き入れた。他愛ない世間話をするうち、小燕枝は「このあいだ『ワンス・アポン・ア・タイム・イン・アメリカ』を観てきたんですが、なかなか面白かったですよ」と公開中の映画を話題にした。

小三治も映画マニアというほどではないにしろ映画は好きで、その作品に興味を持ったようだった。

「そうかい？　そんなに面白いなら、ちょっと観てみたいな」。偶然にも、私もロバート・デニーロ主演のこの映画を昼席の後に観たばかりだった。その日、私は夕方に小三治の家を出ると、夜席に入る前に近所の本屋に立ち寄り、映画情報誌「ぴあ」を手に取った。このとき小三治は池袋の夜席に出番があり、私は上映している池袋の映画館を調べると、出番が終わる頃合いの上映時間をメモした。

翌日、小三治が寄席に行く玄関先で「師匠、これ、きのう小燕枝師匠が言われていた映画の上映時間です」と言ってメモを手渡した。小三治はメモを一目見ると「ありがとうよ」と言って受け取ってくれた。

数日後、別の若手がお歳暮を持参すると、小三治は彼を家に招き入れた。世間話をするうちに「この前『ワンス・アポン・ア・タイム・イン・アメリカ』って映画を観てきたけど、結構面白かったな」と話題にした。些細なことだが、私の書いたメモが役に立ったことが堪らなく嬉しかった。

小三治のアドリブ

世間の人の多くは、噺家というのは大喜利のイメージがあるせいか、アドリブを活かしたシャレが得意と思ってるようだが、必ずしもそうではない。特に小三治は若い頃から噺一本で生計を立てられたことから、キャバレーの余興などの仕事を殆どしてこなかったので、こうした即興的な笑いは、思いのほか苦手なのである。

ある日の新宿末広亭の楽屋でのこと。次の出番を待つ漫才のあした順子・ひろしの舞台衣装を見た小三治が「順子ちゃん、その上着良いねぇ。食欲をそそるよなぁ」と言った。楽屋にいた誰もが「？

……」と思っていると、小三治は続けて「ほら、上着（鰻）のかば焼き」と言ったのである。あまりにもお粗末な駄ジャレに、言われた順子当人はもちろんのこと、その場にいた全員が押し黙ってしまった。

小三治のアドリブのなかでは、マシなものも紹介しておこう。

一九八五（昭和六十）年八月十三日。これだけは、はっきりと日付を憶えている。というのも前日の八月十二日は私の誕生日であり、その日の夕刻、羽田空港を飛び立った大阪行きの日本航空一二三便が群馬県の御巣鷹山に墜落したのである。日本の航空機史上、最大の犠牲者を出したこの大惨事はそれから数日間、テレビ・新聞がトップニュースで取り上げた。乗客・乗員五百名以上が乗っていたものの、想像を絶する事故の大きさから生存者は絶望視されていたが、事故現場に入ったテレビカメラは生中継の最中、生存者を確認、多くの視聴者が色めき立った。

その一方でどこのテレビ局もニュースキャスターが、航空評論家と呼ばれる人たちに「事故原因は何なのか？」と繰り返し訊いていた。事故機の残骸を見た有識者は、圧力隔壁が損壊していることや、機長と副操縦士との会話が残されている録音から、後部ドアであるR51の破損が事故の直接原因ではないかという説を訴えていた。

このとき小三治は、翌日の「三人ばなし」でネタおろしをする『ねずみ穴』のために自室に籠って稽古中だったが、稽古の息抜きにテレビを点けるとどの局もこのニュースを大々的に報じており、また小三治自身あまりにも悲惨な大事故が気になっていた。

自室から出てきた小三治は、ニュースを見続ける家族や弟子たちの前で「R51が気になって夢の中にまで出てきそうだよ」と呟いたのである。

落語好きな方はすぐにわかると思うが、これは『ねずみ穴』のサゲで、主人公の竹次郎が言う「おらぁ夢の中で、ねずみ穴が気になって……」というセリフに掛けたのである。いささか不謹慎かもしれないが、これはアドリブが得意でない小三治にしてはタイムリーで上出来な部類に入ると思う。

高座で絶句

ある日の新宿末広亭の夜席でのこと。私は開口一番に上がって『道灌』を演っていた。この寄席は高座のすぐ隣りに小さい楽屋があり、出番を待つ芸人二〜三人ほどが火鉢を囲んで控えている。そういった構造のため、開演中は静かにしないと楽屋の話し声が客席にまで届いてしまう恐れがある。

もっとも大看板の真打ならともかく、入門したばかりの前座にそこまで気に掛ける芸人は少なく、話題が盛り上がれば自然と声も大きくなってしまう。私が高座を務めていると、突然楽屋で大きな笑い声が起きた。落語に集中していれば気にも留めることなどないのだが、その日の私は「自分が言い間違いをしておきながらそれに気付かず、それが原因で楽屋で笑われてしまった……」と思い込んでしまったのである。

もちろんこれは勘違いで、前座の高座を楽屋にいる師匠たちが聞き耳を立てて聞いているはずなどないのだが、そのときの私は勝手に「えっ、どこを間違ったんだろう?」と思い、その瞬間に絶句してしまった。突然、目の前の前座が黙ってしまったことで、お客は呆気に取られていたが、やがて楽屋も静かになった高座に気がついた。

兄弟子のつむ治が楽屋の扉を開けて「おい、どこまでしゃべったんだ？」と助け舟を出してくれたが、それすらも思い出せずただ黙っているだけだった。不思議だったのは、そんな窮地の状態でありながら、自分のなかではパニックに陥ることなく、妙に落ち着いて客席を見つめていたのである。普通はこういう状態になると緊張で頭が真っ白になり、わずか数秒の時間が途方もなく長く感じるのが当たり前なのだろうが、このときの私は頭の中で「あれっ、どこまでしゃべってたんだっけ？　えーっと……あらぁ、全然思い出せないや。ハハッ、弱っちゃったなぁ」。何だか他人事のような感じで、どこかでこの状態を楽しんでいる自分がいた。

そんな硬直状態がしばらく続き客席がざわつき始めると、つむ治が「思い出せないなら、もういいから降りちゃえ、降りちゃえ」と声を掛けてくれた。私は咄嗟に「勉強し直して参ります」と言って頭をペコリと下げると高座を降りた。ようやくアクシデントから解放された客席からは、緊張の糸が解けて安堵の笑いが起こった。

それにしても「勉強し直して参ります」とは言いも言ったりである。この台詞、晩年の八代目桂文楽が国立劇場の落語研究会で噺に出てくる登場人物の名前を思い出せず、絶句した折に言った言葉であり、それ以後、再び高座に上がることはなかったという、曰く因縁の一言なのだ。昭和の名人と謳われた文楽の最後の一言を、昨日今日弟子入りしたばかりの前座風情が口にしたのだから、おこがましいにもほどがある。高座を降りた私は、思わず出てしまった自分の言葉に失笑していた。

それから後に、高座に上ったギター漫談の林家ぺーは「さっき最初に上がった前座さん。小三治師匠のとこの小多けさんって言うんですけど、いやぁ、前座さんといっても高座で黙っちゃうなんて、なかなか見られないですよ。今日のお客さんはラッキーです。珍しいもの、見ることができたって自慢していいですよ」と言って、早速ネタにしてくれた。

つむ治のとばっちり

当時、真打に昇進したばかりのSは、落語ファンや噺家仲間からも一目置かれる実力派の有望株だった。二ツ目時代には、国立演芸場が主催する花形演芸会での受賞をはじめ、多くの賞レースでも輝かしい実績を残していた。また各ホール落語会からの出演依頼が多いだけではなく、持ちネタを増やす勉強会も積極的に取り組んでいて、新真打として順風満帆のスタートを切った印象があった。

そんな勢いにのる彼が、さらに弾みをつける思いで自分の勉強会のゲストとして小三治に出演を依頼したのは、ある意味当然の流れだったのかもしれない。若手有望株といえども、世間一般からはまだまだ知名度は低いだけに、小三治のような人気と実力を兼ね備えた看板クラスが賛助出演してくれることは、単に観客動員が期待できるだけでなく、会そのものの箔がつくという効果もある。これはSに限らず多くの若手がやっていることで、恐らく小三治自身も若手の頃には自分の師匠である小さんはもちろんのこと文楽・円生などの大看板に大なり小なりサポートをしてもらった経験があるはずだ。こういうとき、看板クラスの噺家は無償で出演することが通例になっていて、この点でも若手にはありがたいことだった。

問題が起きたのは、Sが自ら小三治に出演を依頼せずに、自分が所属するプロダクションのマネージャーに任せたことだった。若手が礼を尽くして直接頼むのなら無償で引き受けるところだが、マネージャーから依頼されるとなれば、それはプロダクションを通じての仕事ということになり、それに見合うだけのギャラが発生することになる。

「あんな失礼な奴はいない！」

礼儀に厳しい小三治は激怒して弟子たちの前で怒りを露わにするだけでなく、寄席の楽屋でも声を大にしてSを非難した。

楽屋の噂はすぐにSにも届いた。賛助出演してもらうことで大きなメリットになると考えていた人が公然と自分を批判しだしたのだから真逆の結果になってしまったことになる。その直後、蒼くなった彼が高田馬場に駆けつけたのは当然のことだった。

つむ治が小三治にSの来訪を告げたものの、不機嫌そうにするだけで何の返事もない。「師匠、相当怒ってるな……」そう思ったつむ治は、Sを家に招き入れていいものか迷っていた。Sにしてみても、小三治の立腹がただならぬことは十分理解していただけに、玄関先で悄然とするばかりだった。小三治はかなりの時間が経って階下に降りてくると、Sが玄関の扉の外で待っているのを知って、つむ治を怒鳴りつけた。

「馬鹿野郎、お客が来たらなかに入れるのが当たり前じゃねぇか！」

つむ治にしてみれば、逡巡しながらも小三治があれだけ怒っている相手を勝手に家に上げるわけにもいかず、やむを得ず外で待ってもらっていただけだった。

小三治は外で待機していたSに、「つむ治が失礼なことをしてすまなかったな」と言ったが、Sはただ小声で「いいえ、こっちのほうが……」と答えるのが精一杯だった。

小三治にしてみれば大激怒はしたものの、いざS本人が謝罪に来れば無碍にすることもできず、どう対処していいのか迷っていたのだろう。勢いよく拳を振り上げたまでは良かったが「どうやって下ろすか……」その落としどころまでは考えていなかったような気がする。そんなとき、家のなかに入れなかったことで、つむ治を怒りの捌け口に使ったことになる。仮にSを招き入れていたとしても「俺の許可なく何で勝手に入れた！」ということになっただろうし、どっちに転んでもつむ治は怒鳴りつけられたのではないか。

血祭りに上げられたつむ治こそいい面の皮で、とんでもないとばっちりを受けることになってしまった。つむ治を怒鳴りつけて落としどころを見つけたあとの小三治は上機嫌で、謝罪に来たSが戸惑うぐらいだった。

もっとも、この一部始終を見ていたお内儀さんは、Sが帰ったあとで「自分のせいでつむ治が怒られたのに、碌に庇ってやらないなんてどういうつもりだろう」と不満を漏らしていた。

九治と小のり

同時期に前座修業をした者同士というのは、仲間意識を強く持つ。特に、私は九治・小のりの二人とウマが合った。

毎朝、九時に小三治の家に行くと、前座の仕事は部屋の片づけから始まる。四人いた前座は、それぞれ持ち場があって、九治はリビング、小のりは玄関の掃除が担当だった。私はトイレ掃除とキッチンにある食器類を洗うのが役割だった。当時、前座の一番上にいたつむ治にも片づけの持ち場があったはずなのだが、朝、小三治の家に着くとリビングのベンチに腰を降ろしたまま、いつまでもそこでくつろいでいたという印象しか残っていない。

二番目の九治が掃除をしながら、「兄《あに》さん、仕事しなよ。『働かざる者食うべからず』って言うでしょ」と言っても、「きのうさぁ、○○師匠の会の後の打ち上げで飲みすぎちゃってさぁ」などと言って、腰を落ち着けたまま動かなかった記憶しかない。

各自が持ち場の仕事を終えると、冷蔵庫にある食材の中から食べても良さそうなものを選んで、それを使って前座だけの朝食を作るというのが、小三治家における朝の習わしだった。この食材選びがなかなか難しい。多少しなびれかかってきた野菜であるとか、賞味期限が近付いた納豆といったようなものを選んで、味噌汁の具にしたり、ごはんのオカズにしていた。なかでも納豆チャーハンは、小三治一門の前座にとって定番の朝食メニューだった。

前座同士で過ごす朝食の時間は楽しみだった。それぞれが前日の寄席であった出来事を話す情報交換の場になっていて、「○○師匠のところに新しく入った弟子が初めて楽屋に来てたけど、なんだか気が利かなそうな感じだったよ」といった他愛ない話も多かったが、本業の落語に関する情報交換も盛んに行われていた。

私が「『厄払い』のなかで、お終いの方に与太郎が『奇怪な亀の子生け捕ったり、お子供衆のおなぐさみ、足が達者で手が達者…』って歌う場面があるでしょ。きのう、新宿で小満ん師匠の高座の前に、あの歌の出処《でどころ》を訊いてみたんですよ。そしたら『その当時流行った、戯れ歌のようなものじゃなかったかな』って教えてくれたんだけど、その後で『そういえば、しばらく「厄払い」も演ってないな。今日は久しぶりに演ってみるかな』って言って、演ってくれたんですよ。何だか嬉しかったなぁ」

柳家小満んは今は小さんの弟子だが、噺家としての出発点は八代目桂文楽だった。文楽の没後、小さんが引き取る形で弟子にしたという経緯がある。『厄払い』を文楽の直系である小満んが高座に掛けてくれるというのは、直伝の噺を聴けることになる。小三治一門の稽古会に選ばれたテキストを、小満んから聴けるというのは、願ってもないことだった。

「良いなあ……」

九治と小のりは、羨ましそうに聞いていた。

落語の演出に関することでは、こんなこともあった。

「新宿（末広亭）の夜席に文朝師匠が上がって『道灌』を演ったんだけど、八五郎がご隠居さんに歌を教わるシーンで、普通なら隠居が『およしよ。そんなもの覚えたって、失礼ながらお前さんの知り合いじゃこの歌の訳は分からない』というところを、文朝師匠は『ああ、いいよ、いいよ。どうせ教えたところで、お前さんの知りあいじゃ分からないだろうけど』って言うんですよ。同じ教えるにしても、こういう演り方もあるのかって面白かったですね」

「それは面白いね…」

前座とはいえ、みな落語が好きなだけに、こうした話をよくしたものである。

ある日の朝、九治・小のりと私の三人で朝食を食べていると、九治から「兄《あん》ちゃんさぁ、昔、テレビで馬生師匠が『おっかな源兵衛』とかいう噺を演ったのを見たことあるんだけど知ってる?」と尋かれ、「ああ、国立(小劇場・落語研究会)で演った『臆病源兵衛』ですね。テープ持ってますよ」と答えると小のりも興味を持って、「どんな噺なの?」と訊いてきた。

「源兵衛って臆病な男が主人公で、友達が面白がって怖がらせようとする、ちょっと怪談掛かった噺ですよ。多分、馬生師匠しか演らないいんじゃないかな。珍しい噺ですね」

「へえ、何だか面白そうだね」と言う小のりに九治は「そうなんだよ、オレもたまたまテレビで見たんだけど。兄ちゃんさぁ、それテープにダビングしてくれない?」「オレも、オレも……」ということで、二人に『臆病源兵衛』をダビングして渡した。後年、これがキッカケで小のりは『臆病源兵衛』を自分の持ちネタにすることになる。


小のりには、今でも忘れられないほどの馬鹿馬鹿しい駄ジャレの思い出がある。当時、バレーボールのワールドカップはフジテレビが独占中継していた。その年の女子バレーアメリカ代表にはクロケットとハイマンという二人の選手がいて、強力なエースアタッカーとして話題になっていた。

「兄《あん》ちゃん、オレさぁ、クロケットとハイマンの名前の覚え方思い着いちゃった!」という小のりに、「どう覚えるんです?」と訊くと、「クロケットは黒人だろ。弾丸みたいに動きが素早いから〈黒いロケット〉でクロケット!」「ああ、上手いですね。じゃあ、ハイマンは?」「ハイマンは身長が二メートル近い長身だろ。高いところにマ◯コがあるからハイマン!」「くだらねえ!(笑)兄《あに》さん、くだらな過ぎですよぉ」

前座とはいえ、噺家が言うとは思えない男子中学生並みの駄ジャレに大笑いしたことがあった。

前座同士というのは普段はくだらない馬鹿話ばかりしているが、時には真面目な話もする。

ある時、小のりが「兄ちゃんは将来どんな噺家になりたい？」と訊いてきたことがあった。

「そうですねぇ……今は趣味が多様化してるから、これから先、落語という芸能が娯楽の中心に居られるとは思えないんですよ。座布団に座ってるだけで動きも少ないし、テレビ向きの芸能じゃないし。そういう意味ではマイナーな芸能になって行く気はします。そこで無理矢理にメジャーを目指して、大衆におもねるような演出をしてまで受けたいとは思わないですね。マイナーならマイナーでも構わないけど、マイナーななかではメジャーな存在で居たいですね」

そんな会話をしたこともあった。

ＮＨＫの出演を辞退

楽屋の仕事もようやく慣れた頃、ＮＨＫから番組出演の依頼があった。落語界の次代を担う二ツ目や前座をＮＨＫのスタジオに集めて、彼らの将来の夢や落語界に対する意見を聞こうという企画だった。また、そのなかから何人かを選んで、日常生活を追うというコーナーもあった。誰が推薦したものかＮＨＫのディレクターから私を取材したいという電話があった。

中学時代からラジオやテレビで落語が放送されるとそれをテープに録っていた私は、そのコレクションがかなりの数になっていた。

「兄《あん》ちゃんさあ、今度『道具屋』を演ろうと思うんだけど、誰かのテープない?」

「『道具屋』なら、目白(五代目小さんの俗称)に三木助師匠と馬生師匠、それにウチの師匠のがありますね。あとは扇橋師匠と柳朝師匠かな。大阪だと仁鶴師匠のがありますよ」

そうやって前座仲間はもちろん、二ツ目の依頼に応えていたことで、「小多けに頼めばかなりテープは揃えられる」そういう噂が広まっていたことからNHK側が私に興味を持ったのかもしれない。

小三治は前座の仕事について厳しい選別をしていたので、「NHKから仕事が来たんですが受けてかまわないでしょうか?」と聞いてみた。「相手がNHKならふざけた中身でもないだろう……」そんな判断をしたのかもしれない。あっさりと承諾してくれた。

昼席のあと、NHKのスタッフとは寄席の近くの喫茶店で落ち合うことになった。四人掛けの椅子にはテーブルを挟んでNHKの番組ディレクターと放送作家、こちらには私と二ツ目の春風亭勢朝が座った。勢朝は楽屋噺の名人という異名があり、芸人仲間の噂話を虚実入り混ぜて面白可笑しく語る天才だった。また、この人にはパロディの才能もあり、当時、小さんのあとの落語協会会長は誰になるかという題材で、落語の『紀州』に実在の噺家を登場させて、一席の噺に仕立てるというネタを披露して楽屋連中の喝采を浴びたこともあった。

ここでも勢朝は、次から次へと楽屋噺を披露して二人を喜ばせた。サービス精神の塊のような勢朝に対して、私はというと先方に訊かれたことを淡々と答えるばかりで、芸人としての愛嬌など欠片もなかった。

「小多けさんはかなり落語のテープを持っているそうですが、そのなかでとっておきのお宝テープって何ですか」という問いに、「落語は本来、ライブで聴くのが一番良いんです。どんなに名演といわれた高座でも、それがあとからレコード化されて聴いてみると、ライブのときより格段に落ちるんです。矛盾してるかもしれませんが、テープで聴く落語はお奨めできませんね」。

訊いた側に恥をかかせるような答えをする始末。といって別に不機嫌だったわけでもなく、自分は修業中という身から積極的に売り込もうという意識がもともとなかったのだ。愛想のない応対をしてしまったことで「これじゃあ、オレの出番はないな……」と思っていた。

ところが、何が気に入ったものか、それから数日後、再びNHKから追加取材の申し出があった。今度は自宅のアパートで実物の落語テープを見せてほしいとのことだった。高田馬場で取材スタッフと落ち合うと、築数十年、風呂ナシ、トイレ共同のオンボロアパートへ案内した。その外観を見て、取材スタッフは明らかに興奮していた。彼らにしてみたら、いかにも貧乏な前座が住んでいるという絵に描いたようなお誂えの風景だったのだろう。

玄関で靴を脱ぎ、昼間でも暗い廊下を通ると三号室が私の部屋だった。扉を開けると小さな流し台があり、その横にはマッチで火を点ける旧型のガスコンロ。その奥の三畳間が私の住まいだった。部屋のなかを見回すスタッフに「これが落語のテープです」といって、その一部を見せた。演者別にまとめられたテープは幾つものカセットキャビネットに収められていた。

「こんなので取材になりますか?」という私に、「たいへん面白いものが撮れそうです。改めてこちらで資料を用意しますので、しばらくお待ちください」といって、彼らは帰っていった。

それから二日ほどして、NHKから茶封筒が届いた。なかを開けてみると、それは番組用に書かれた台本で、私の台詞が書かれていた。中身を読み進むうちに嫌な気分になった。台本のなかの私は陰気な男として描かれていたが、そのこと自体を否定するつもりはなかった。自己主張の強い噺家のなかにあって、私のようなネクラな男は毛色が変わっていて、かえって面白いと感じた末の起用だったのだろう。オンボロアパートに住む陰気な前座。「多少の脚色はあるものの、世間の人には私はこういうイメージなんだろう」。それはそれで仕方ないと思った。私が危惧したのは、噺家として落語を披露する前にイメージだけが先行することだった。

考えすぎかもしれないが、テレビは影響力の強いメディアであり、一回こっきりの放送だとしても、そこで植え付けられた印象はこちらの想像以上のものになる恐れがあった。特にＮＨＫのゴールデンタイムでの全国放送となれば、私の知らないところで拡大されたイメージが一人歩きして、それが落語を演る際に邪魔になるという思いがあった。

「小三治のところに芸人らしくないネクラな前座がいる……」修業中の身であるにもかかわらず、そんな評判が先行することになれば、出演を了承してくれた小三治がいい顔をしないことは容易に想像ができた。

私はすぐに担当ディレクターに電話した。

「台本、読ませていただきました。申し訳なのですが、番組への出演は辞退させてください」

「えっ、何か気に障りましたか？　小多けさんにはぜひ出てほしいんです。もし台本が気に入らないなら、それは使わずに、小多けさんの好きなようにアドリブで撮影させてもらっても構わないんで、考え直してもらえませんか？」

「いや、もういいです。申し訳ありませんが、今回はなかったことにさせてください」

一方的にそれだけを伝えると、電話を切ってしまった。

ドジな弟弟子

やがて私にも弟弟子ができた。

つむ治が福治と改名して二ツ目に昇進したのと入れ替わるように入門してきた加藤君は、京都の大学を卒業して小三治の弟子になった。加藤君はいわゆる瓜実顔で、顔立ちは生っ白く面長だった。小三治は、彼の出身地である横浜に因んで「柳家小はま」という名前を考えると、ほどなくして彼を連れて小さんの元へお歳暮の挨拶に行った。

「今度、新しくウチに来た弟子です」と小三治が紹介すると、加藤君を一目見た小さんは「おっ！お前、死んだ三語楼さんにそっくりだな！」と嬉しそうに言った。

初代の柳家三語楼は大正から昭和初期にかけて一世を風靡した大看板で、古典落語に英語を取り入れるなど、大胆なアレンジで人気を博した人だったという。満員の客席を爆笑させる三語楼の姿は、噺家に成りたてだった若き日の小さんにとって憧れの存在だったらしい。残されている三語楼の写真を見ると、確かに瓜実顔が特徴的で、小さんの言う通り加藤君は面差しが似ていた。

小三治が「それでこいつに〈小はま〉を付けようと思うんですが……」と言うと、「小はま？　いや折角三語楼さんに瓜二つなんだから、こいつは〈三瓜〉が良いだろ！」

三語楼に瓜二つだから「三瓜」。何とも乱暴な命名だが、小三治としても師匠の小さんが強く推す以上断る訳にもいかず、急転直下「柳家三瓜」に決まってしまった。もともと「小はま」という芸人らしい粋な名前を貰えるはずが、「三瓜」という訳の分からない名前になった経緯を本人から聞いた私たちは大笑いした。

彼は落ち込んでいたが「でも大師匠が、わざわざ孫弟子のために名前を付けるなんて、お前が初めてだと思うよ。名誉なことだよ」と兄弟子たちは涙を流すほど笑いながら彼を慰めた。ところが、名前というのは不思議なもので、しばらく経つうちに彼には「三瓜」以外、ふさわしい名前がないような気がしてくるのだから面白い。

この三瓜。しくじりの多かった私が言うのも何だが、私に輪を掛けてさらにドジな奴だった。

ある日のこと、お内儀さんから「三瓜、ちょっと庖丁が切れなくなってきたから、砥ぎ屋さんに持って行って」と頼まれた。「分かりました！」三瓜はいきなり両手に庖丁二本を鷲掴みにすると、ニコニコしながらそのまま外へ飛び出そうとした。「ちょ、ちょっと、何やってんのよ！　刃物は凶器にもなるのよ。そんなもの剥き出しにしたまま外へ出たら通り魔と間違われるじゃない！　ちゃんと、一本一本新聞紙に包んで持って行くのよ！」

こうしてお内儀さんの血圧が上がることになった。

三瓜の隠し芸

ある年の暮れ。小三治の家に集まった前座たちは、年明けに小さん邸で行われる新年会で披露する余興を考えていた。大所帯の小さん一門の新年会には、弟子たちだけに止まらず、毎年ご贔屓のお客も大勢来るのだが、そこでは前座が趣向を凝らした余興を見せることが慣習になっていた。

これといったアイデアも浮かばずジリジリと時間だけが過ぎていった。すると、瓜実顔の三瓜をしげしげ見ていた兄弟子の一人が「こいつを白塗りにして踊らせたら、結構サマになるんじゃないか?」と言った。「ああ、それ面白いですね!」それまで煮詰まっていただけに、戸惑う三瓜を蚊帳の外にして満場一致でこの案はあっさり採用された。

「踊りのことなら、あした順子先生が日本舞踊の名取りだから稽古をお願いしてみよう」

「オレ、今ちょうど順子先生が出てる鈴本の夜席に入ってますから、今晩早速お願いしてみますよ」

「そうなると、踊り用の着物も用意しなくちゃな……」

躊躇う三瓜を尻目に、兄弟子たちは各々手配を始め、トントン拍子に事が運んでいった。

余興で披露するとはいえ、何事にも手を抜かないあした順子は、前座からの無茶なお願いを快く引き受けてくれ、短期間のうちにかなりのスパルタ教育で三瓜に日本舞踊を仕込んでくれたらしい。初めのうちこそ戸惑っていた三瓜も、やがて彼女の熱意に応えるべく、寄席の合間をぬって一生懸命稽古に励んでいるようだった。

年が明けた一月二日。目白にある柳家小さんの自宅には、趣味の剣道が高じて立派な道場を併設されていて、新年会はこの道場で毎年盛大に行われる。

当時の五代目小さんには、直弟子だけで三十人。さらに孫弟子を含めると六十人を優に超える噺家がいた。さらに四代目小さんが亡くなったとき、五代目は八代目桂文楽が親替りとして預かったのだが、その文楽が亡くなると、今度は文楽の弟子たちを小さんが預かることになり、それらの噺家を加えると七十人を超える大所帯になっていて、各々が黒紋付き・袴姿で座っているのだから、その光景は壮観の一語に尽きる。今の日本で、こんな集団を見ようとしたら、他にはやくざの手締め式ぐらいしかないだろう。

因みにこの正装が許されるのは二ツ目以上の噺家で、修業中の前座は普段着で、料理やお酒を運ぶ配膳係を任されることになる。


いくつかの余興が続き、そろそろ宴もたけなわになろうという頃だった。道場いっぱいに集まった弟子たちやご贔屓のお客の前に藤娘の衣装を着た白塗りの三瓜が登場すると、座の空気は一気に盛り上がった。三瓜は猛特訓の成果を披露し、テープから流れる曲に合わせて「藤娘」を踊ってみせた。

それは付け焼刃とは思えないほど、見事なものだった。

「いやぁ、前座の余興にしては近年にない出来栄えだな」

「あれ、どこの弟子ですか？」

「小三治のところの弟子らしいよ」

「粋なもんだねぇ」

酔客たちは口々に褒めそやした。やがて踊りが終わった三瓜は、この日の宴の主役である大師匠の小さんの前に座ると、盃にお酌をした。「三瓜」の名付け親でもある小さんは、この孫弟子が大層お気に入りで、満面の笑みを浮かべて一献を受けたことで、さらに座は盛り上った。小さんの丸顔は魅力があったが、その小さんが邪気のない笑顔を見せると、弟子一同は心から幸せな気持ちになれるのだ。

そのうちお客の一人が「お酌をするなら自分の師匠にもしなくちゃ駄目だろう！」と言い出し、白塗りの三瓜は小三治の前に行ったが、小さんとは対照的に情けなさそうな顔をして酌を受ける様子が可笑しくて、道場はさらに笑いに包まれた。やがて四方八方から「こっちにも来て、お酌してくれ！」と声が掛かり、三瓜は道場のなかを動き廻った。

こうして、あちこちで彼にお酌をさせながら、藤娘の懐や袂に御祝儀を入れるお客が続出した。私は酒席を盛り上げる彼の実力を、このとき初めて実感した。

酒でしくじる三瓜

三瓜の酒好きは有名だった。基本的に前座のあいだは、酒・煙草は禁止されているが、あくまでも「修業期間」の建て前であった。もともと芸人に酒やバクチは欠かせないものだけに大っぴらにはできないものの、大半の前座は隠れて煙草や酒をやっているのが実情だった。

特に三瓜の酒は飲むと陽気になりカラオケで歌を披露すると座が盛り上がることから、寄席が終わると二ツ目や若手真打から誘われることも多かったようだが、欠点は酔っ払うと記憶を無くすことだった。その日も三瓜は、夜席の後の打ち上げに参加。したたかに酔って楽しい酒を味わったまでは良かったが、何と小三治の着物が入った鞄をどこかに置き忘れたまま帰宅してしまうという大失態をやらかした。

翌日、朝九時になっても現れない三瓜に私はイライラしていたが、業を煮やして彼の自宅へ電話を掛けた。長い呼び出し音の後、ようやく電話に出た彼は、案の定起きぬけの寝呆け声だった。私は腹が立って「とっくに九時過ぎてるぞ。いつまで寝てるんだ。早く来い！」とだけ言って電話を切った。

彼のアパートも私と同じように、小三治の自宅から十分ほどのところにあるのだが、その日は待てど暮らせど一向に姿を見せなかった。そのうちにお内儀さんもリビングに降りてきたが、それでも三瓜はやって来ない。電話をしてから一時間ほどが過ぎ、ようやくやって来たときには、時計の針は十時を大分廻っていた。

三瓜は二日酔いの締まらない顔で「お内儀さん、遅くなってすみませんでした」と詫びたが、朝っぱらから気の抜けた弟子を目の当たりにしたお内儀さんは不機嫌なままだった。お内儀さんが無言のままでいることから、今度は私に向かって「兄さん、遅くなってすみませんでした」と声を掛けてきた。散々待たされてイライラしていた私は、「何やってたんだよ。こっちが電話した時点ですでに遅刻してるのにグズグズしやがって。取るものも取りあえずすっ飛んで来い！」お内儀さんの前にも関わらず、思わず怒鳴りつけてしまったが、遅刻の理由が小三治の着物が入った鞄を探していたことだと知り、愕然となった。前の晩、酩酊状態で帰宅したものの、電話で起こされてから持って行くはずだった鞄がないことに初めて気付き、家中を探しまわっていたと言うのだ。

すぐに前日打ち上げした居酒屋に問い合わせたが、電話口からは「そういう忘れ物はありませんでした……」というつれない返事。次に地下鉄の忘れ物センターにも電話してみたが、こちらも届いていないと言われてしまう。このしくじりはすぐに小三治にも知られることになり、当然のことながらこっぴどく怒られることになった。こうしてそれまでは表立っては拙いものの、陰でこっそり呑むことは半ば黙認されていた三瓜は、完全に禁酒をすることになった。

ところが三瓜がドジなのは、ご丁寧にも同じしくじりをもう一度やらかしたのである。私が小三治にクビを言い渡されて幾日も経たないうちに、またしても電車に鞄を置き忘れたというのだ。今度はさすがに酒は呑んでいなかったようだが、ある意味、素面《しらふ》で忘れるというのは、あまりにも注意力がないということで、これが原因で彼も小三治からクビを言い渡されることになった。

その後の三瓜は築地の魚河岸でアルバイトに就いたものの、一度味わってしまった噺家という生き方が諦めきれず、やがて五代目三遊亭円楽の門を叩き、弟子入りを認められた。出身大学が京都だったことからか、新たに「三遊亭京楽」という名前を貰い、第二の噺家人生をスタートさせることになった。

趣味の領域を超えた凝り性

多趣味で凝り性の小三治は、若い頃から様々なものに凝ってきた。

ジャズ、クラシック音楽、ボーリング、ゴルフ、オーディオ、カメラ、オートバイ、はちみつ、塩……等々。とにかく一度凝り出すと、徹底的に突き詰めないと納まらない性分なのである。

そのなかでも特に有名なのがオーディオだった。もともとは「少しでも良い音を聴きたい」という思いから出発したこの趣味は凝りに凝ってその世界で評判になり、ついにはオーディオ専門誌に連載を持つまでに至った。真偽のほどは分からないが、オーディオ業界ではひと頃ＣＤの盤面に傷をつけると、音質が格段に良くなるという噂が出たことがあった。音を追究する小三治が、この噂を聞いて黙っていられるはずがない。早速自宅にあるCDにカッターで傷をつけ音の違いを確認してみると、それだけでは飽き足らず急遽鈴本の独演会で、このオーディオ実験を披露したのである。

持参したCDを、まずは傷のついていない状態でお客に聴いてもらった後で、目の前で傷をつけ、改めてその音の違いを聴き比べてもらったという。このにわかオーディオ教室が落語を聴きに来たお客にとって「小三治ならではのサービスで面白いものを見せてもらった」と感じたものか、「音質なんて興味ないから、その分落語を聴かせてほしい」と思ったか、それは分からない。いずれにしても、この頃から趣味が高じてくると本業の場でも、たびたび蘊蓄を披露する傾向が顕著になっていった。


小三治が中年になって夢中になったのがオートバイだった。古典落語を演じる噺家とオートバイという組み合わせが面白いと感じた出版社数社から取材を受け、逆輸入した自慢の愛車ヤマハの750CCにまたがる姿が、雑誌のグラビアを飾ったこともあった。後年、リュウマチの影響で運転を断念するようになったようだが、当時は取材を受けると「オートバイは車と違って風を体感できる」と免許を取ったばかりの高校生のようなことを言っていた。

私が弟子だった頃は一番オートバイに夢中になっていて、寄席や関東近県で催されるホール落語会や独演会には、大抵の場合バイクで出掛けていた。名古屋・名演会館での独演会も、私は新幹線で会場入りしたが、小三治は愛車のバイクを利用して現地で落ち合うというものだった。

また夏になると半月ほど寄席を休んで、バイク好きの噺家たちとフェリーに愛車を乗せて津軽海峡を渡り、北海道をツーリングをしながら、その土地で落語会を催すのが毎年の恒例になっていた。いくら好きとはいっても、半月ものあいだ、昼間は広大な北海道をツーリング移動し、夜は落語会というスケジュールは、中年に差しかかった身体にはかなりの強行軍だったと思うが、肉体的に厳しくてもそれを厭わないのが、小三治流の趣味を謳歌するスタイルなのである。

凝り性ということでいえば、私が今でも忘れられないのはカメラの思い出である。当時、関口宏が司会の『わくわく動物ランド』というクイズ番組に出演した小三治はこの日の解答者のなかで最高得点を獲得して優勝するのだが、その賞品がアフリカ旅行だった。小三治はこの賞品を利用して単身アフリカへ出掛けて行くのだが、およそ十日間ほどの旅行から帰ってくると、膨大な数の写真を撮ってきていた。その数、フィルムで四～五十巻、枚数にするとおよそ二千枚。これは、一般人が観光旅行で撮る枚数とは桁が違い、プロカメラマンのそれである。恐らく旅のあいだ、四六時中シャッターを切っていたのだろう。これらの写真を現像してそのなかから五枚を厳選すると、拡大パネルにして鈴本独演会のロビーに展示した。

独演会当日、一日限定の「柳家小三治　アフリカを撮る」という小さな写真展は、お客の関心を呼んだようで、本人も満更でない様子だった。確かに二千枚のなかから選び抜かれた五枚だけあって、望遠レンズで捉えたライオンの表情は、玄人はだしの出来栄えだったと記憶している。一事が万事、徹底しているのである。

また凝り性の性格は、趣味の分野だけに止まらなかった。鼻濁音に厳しいことは前にも書いたが、鈴本の楽屋にあるテレビから天気予報が流れていたとき、気象予報士の女性が「明日の関東地方は、夕方から雨が降るでしょう」と言うのに対して、「『雨が降る』の〈が〉は鼻濁音の〈んが〉だ！」とテレビに向かって小言を言っていた。

またある晩のこと、日本の歌手のなかで鼻濁音ができるのは誰かということを急に思いつくと、手元にあるCDを片っ端から聴き比べて「この歌手はできる。こいつはできない」と選別して、それを当時連載していた民俗芸能の会報誌に発表したこともあった。

開口一番の役目

噺家自身が自分の芸を判断するひとつの材料に「お客に、どれだけ受けたか」という点がある。もちろんただ笑わせればいいという訳ではないが、前座にとってはお客に受けたことで多少なりとも自信につながることはある（こんな自信なんて吹けば飛ぶような薄っぺらいものではあるのだが）。

もっとも現実には前座の場合、寄席ではプログラムに名前が載ることもなく、添え物的な扱いをされているので、お客の方も関心を持って聴いてくれることは少ない。普段の高座は暖簾に腕押しのような思いをするのが、ほとんどなのである。

前座の修業では、しくじりが続いて落ち込むことが多々あった。私は一度だけ、兄弟子の小八（現・喜多八）に愚痴をこぼして「兄さんは前座のあいだ、何が楽しみでした？」と訊いたことがあった。

小八は吐き捨てるように「そんなもの、ある訳ねえよ！」と言うと、続けて「高座に上がれるだけで充分だったよ！」

そう言われて、至極納得したことがあった。確かに高座で一席演らせてもらえるというのは、お客に受けなくても厳しい修業中にあっては、他には替え難い喜びだった。

「そうだ、高座があるじゃないか！」

自分の実力がどれほどのものかはわからないが、高座に上がって夢中でしゃべるだけでも嬉しかった。それでも今になって思い返してみると、私の高座には仲間うちで何人かのファンがいたように思う。そう言ってしまうと、何やら自惚れているように受け取られるだろうが、私が新しく噺を覚えてネタおろしをすると、九治や小のり、あるいは他の一門の前座だけでなく二ツ目クラスの噺家までもが、気に掛けて聴いてくれることがあった。

ネタおろしを終えて私が楽屋に戻ると、「兄《あん》ちゃん、良かったよ」と一言寸評をくれた。まあ、お世辞半分ということもあったかもしれないが、前座同士とはいえ仲間に向かって芸を批評するということはあまりない。そう考えると、勝手な思い込みかもしれないが、彼らは私の噺を好意的に聴いてくれていたように思う。

そういえばこんなことがあった。ある日の上野鈴本でのこと。私が開口一番の高座を終えると、春風亭一朝が楽屋入りしていた。「お先に勉強させていただきました」と挨拶する私に、一朝は手招きした。

「今、高座の袖から見たんだけど、噺を演ってるとき、兄《あん》ちゃん、ちょっとうつむき気味なんだよ。それってお客からすると、どうしても芸が陰気に見えちゃうんだよ。もうちょっと気持ち顔を上げた方が良いよ」とアドバイスをしてくれた。そして「せっかく良いモノ持ってるんだから、もったいないよ」と付け加えてくれた。

私は一朝から指摘された助言が素直に嬉しかった。と同時に「良いモノ持ってる」という一言が心に残った。

プログラムに名前は載らないものの、前座が高座でしゃべることは寄席側にもメリットはある。開口一番に上がって一席やることで、お客の側に「さあて噺を聴こうか……」という空気が作られるからだ。開演したばかりの寄席はまだ客席がざわついていて、落語を聴く雰囲気になっていないが、前座が一席終わる頃には、ある程度落ち着いてくる。また次に上がる二ツ目は、高座の袖から前座の演る噺の受け具合を見て、その日の客がどんな客層か判断することができる。

「今日はアマキンだな」（「キン」とは符牒で客のこと。「アマキン」とは、甘い客のことで、よく笑ってくれる客のこと）とか、「今日はオモキンだな」（「オモキン」とは重たい客のこと。受けが悪く芸人にとっては手強い客ということ）。そういう見極めのために、前座の高座にはリトマス試験紙の役目があり、その反応から演目を決めることもできるのである。

私は一度だけ寄席の二本目に高座に上がったことがあった。その日の池袋演芸場は、開演時間になっても前座以外楽屋に誰もいなかった。当時の池袋の場合、前座の定員は二人と決まっていて、十日間のうち交代で一人が高座に上がることになっていた。その日の開口一番は高座返しの窓花（三遊亭円窓門下・のち廃業）が上がることになっていたが、その後の二ツ目がまだ来ていないことから、立前座だった私は窓花に、「もしも、お前が一席終わった時点で後が来てなかったら、オレが上がるから」と言って、定刻通り開演することにした。

通常、前座が二人続けて高座に上がることなど、鈴本や末広亭などの寄席では許されないのだが、池袋はある意味で治外法権のようなところがあり、立前座の裁量に任されている部分が他の寄席よりも寛大だった。前座のうちは「一回でも多く高座に上がりたい」という思いが強く、この日の私は高座に穴が開いてしまうという不安より、このまま誰も来ないで自分が一席しゃべれることを願っていた。私の思いは天に通じたものか、その後も誰も楽屋に入って来ることはなく、窓花が高座を終えると、望み通り高座に上がることができた。

「えーっ、もう一本前座でお付き合いを願います」

そう言って演った『堀の内』は、前に上がった窓花が高座を温めてくれたお蔭で、少ないお客ではあったがいつもより格段に受けた。一瞬、なんだか急に自分が上手くなったように錯覚した。普段味わったことのない、手応えのようなものを感じて高座を降りると、楽屋入りしていた柳家小里んがいた。

「お先に勉強させていただきました」と挨拶すると、小里んは「お前、受けたから上手いと思ってるんだろうが、大したことねえんだからな！」天狗になることを諌めたこの一言は、このときの私の胸の内をズバリ見抜いていた。

それでもこのとき、「開口一番というのは、客側に噺を聴く空気を作る役割もあるんだな」ということを改めて感じた。ただし寄席で前座が受けるというのは、あくまでも偶然の産物に過ぎない。お客にとってみれば前座は添え物という思いがあるから、大抵の場合気を入れて聴いてくれるということは少ない。それだけに、自分の芸がどれだけのものか分からないというのが前座の日常なのである。

前座の修業を終えて二ツ目に昇進すると、初めて寄席のプログラムに名前が載ることを許される。特に寄席からは修業明けのご祝儀ということで、通常前座のすぐ後が二ツ目の位置のところを、特別に二〜三本後に高座を用意してくれる。しかもプログラムには名前の脇に「祝・二つ目昇進」という断りが入ることで、お客の方にも「それじゃあ、気を入れて聴いてやろう」という気持ちが自然に生まれて、その結果よく受けるのである。

修業が明けた二ツ目は、新調したばかりの真新しい羽織を着て初めて作った自分の手拭いを渡すと、師匠連から「おめでとう」と声を掛けてもらい祝儀を渡される。それだけでも嬉しいのに高座に上がれば今までとは違って、自分が想像していた以上に客に受ける。それが上野鈴本演芸場・新宿末広亭・浅草演芸ホール・池袋演芸場と夢のような四十日が続くのだ。

その結果、なかには「オレは本当は上手いんじゃないか?」と錯覚する者も出てくるようだが、やがて夢は醒めるもの。ご祝儀の四十日が過ぎれば、厳しい現実が待ち受けている。寄席の高座数はガクンと減り、たまに高座に上がっても昇進のときのように受けることもなくなる。こうして、嫌というほど現実を思い知らされることになるのである。

神様からの贈りもの

小三治が言った言葉で、忘れられない言葉がある。

「痛いっ」と思ったら、それが芸だ。

これは元を質せば、八代目桂文楽の教えらしい。日々の生活のなかで感じたさまざまな思い。「嬉しい」「悔しい」「楽しい」「腹立たしい」……その時々で受けた感情をしっかり記憶に止め、それを噺をするときに活かせということになる。覚えた噺をそのまましゃべるのではなく、その登場人物の気持ちになることが大切なのだ、と、名人と呼ばれた大先輩から芸談というかたちで、若き日の小三治は教えられたという。

この日の小三治は「三人ばなし」の当日で、ネタ出しをしていた『穴泥』の最終稽古を、本牧亭の近所の喫茶店でしていた。店には春風亭一朝とその奥さん。二人には産まれてそろそろ一年になるという赤ちゃんがいて、さらに数人の顔なじみのお客がいたらしい。小三治がネタをさらっていると、突然赤ちゃんがよちよち歩きを始め、その場に居合わせたみんなが声をあげて喜んだ。それは『穴泥』で、酒に酔った泥棒が座敷に現れた赤ん坊を見て「あんよは上手、転ぶはお下手」と歌うそのままの光景だったという。

偶然とはいえ、これから自分がネタ卸しに掛ける『穴泥』の一場面が目の前で起こっていることに、小三治は天の配剤と感じた。そして「いいものを見せてもらった。これは赤ん坊のミルク代にとっといてくれ」と言って、一朝にいくらかの小遣いを渡すと店を出て行ったそうだ。

落語の神様がいるとしたら、真摯に芸に精進する小三治に対して、ちょっとしたプレゼントをしてくれたのかもしれない。これは、その日の「三人ばなし」の打ち上げで、小三治本人から直接聞いたエピソードである。

『短命』の取り扱い

楽屋で働いていると、その時々でネタの流行り廃りに気がつく。『子ほめ』や『替り目』『真田小僧』といった噺は、いつの時代でも寄席に行けばよく聴くことができるが、噺によってはひと頃盛んに掛けられたのに、いつの間にか聴かなくなってしまった噺もある。

私が前座で働いていた頃は、『持参金』を掛ける噺家が何人かいて、ちょっとしたブームのようになっていた。昔からある噺でも、誰かがちょっと面白い演出を考えてそれがお客に受けると「自分もその噺を演ってみたい」という思うのは、芸人として解らないことはないが、それが「我も我も……」ということになると、前座とはいえ楽屋の仕事をしながら、いささか食傷気味に感じることがあった。

寄席に来るお客は毎日変わるのだから、そんなに細かく気にすることもないのかもしれないが、噺家なんて「他人様と違った生き方をしたい」という思いで入った商売だと考えると、尻馬に乗ってるような気がして、あまり好きになれなかった。前座の身でありながら、生意気にも「他人の演った噺を追い掛けるぐらいなら、誰も手掛けていない噺を自分なりに工夫して、皆が演りたくなるような噺を演りたい」と思っていた。

今、寄席では『井戸の茶碗』や『短命』がちょっとしたブームのようによく掛かっているようだ。『井戸の茶碗』は真打《トリ》ネタとして理解できるが、個人的には『短命』のような噺は本来、そんなに高座に掛けるような噺ではないような気がする。ネットを検索すればそのものズバリの動画が簡単に見られる現代では性に対する考え方も大きく変わり、今や『短命』なんてバレ噺の範疇にないという考え方もできるが、男女の秘め事を扱った噺はあまり頻繁に高座に掛けると、その値打ちが下がってしまうような気がする。

もともとこの噺は珍品の部類に入っていた噺で、寄席でそれほど演られる噺ではなかったはずだ。古今亭志ん生は『鈴振り』という噺を持っていたが、雨が降ってお客の少ないときに、「とっておき」として演ったという。本来、バレ噺というのは、そういう類の噺であるような気がする。

私はその昔、国立演芸場で「談志が選んだ艶噺」という落語会に、客として行ったことがあった。もともとバレ噺というのは、寄席の特別企画としてその昔は三十一日の特別興行で度々催されていたこともあり、当時、立川談志はプロデューサーとして復活させたのだろう。普段はあまり板に掛けないこの手の噺だが、そのタイトルで企画された以上、噺家側もお客の要望に応えるべく張り切って高座を勤めていた。

特に鈴々舎馬風は『欣也め』という、かなりきわどい噺を、これでもかというぐらいに大熱演。高座でオーバーに身をよじり喘ぎ声をあげながら悶えてみせた。国立演芸場は、高座だけでなく客席にも煌々とライトが照らされているせいもあり、客席には何とも言えない気恥ずかしい空気が漂っていた。

戦後の第一次落語ブームといわれた昭和三十年代には、文楽・志ん生・円生・金馬・円歌・三木助・

柳好・柳枝・正蔵・小さん等々、綺羅星の如く名人上手がいたが『短命』を十八番にしている噺家はいなかった。前述したような大の月の三十一日、特別興行の「艶笑落語の会」で「普段はあまり演りませんが、今日は特別の会なので……」と断ってから披露していたらしい。

もちろん時代の趨勢を考えれば、昔のやり方をすべて当てはめることはできないだろうが、中堅・若手に限らずお客に受けるからといって、猫も杓子も『短命』のような噺を演るというのは、いかがなものかという気がする。

なぜ落語番組はつまらないのか

日本人の趣味が多様化して巷に娯楽が溢れている現在、いつの頃からか落語はマイナーな芸能という扱いになってしまったようだ。そのこと自体やむを得ないかもしれないが、テレビで落語番組を取り上げる機会が少ないのは、当時から寂しく感じていた。

関西は今でも東京より落語番組が多いようだが、東京でレギュラー放送しているのは、その当時からNHK主催の東京落語会と、TBSの落語研究会ぐらいのものだった。その他にはNHKが正月に初席中継をするぐらいで、ときどき思い出したように単発で寄席中継やスタジオ収録の落語番組が流されていた。また民放各社も落語番組のレギュラー化を考え、いくつかの番組を企画したが、どれも半年から一年、せいぜい長くて二年くらいで終了している。やはり、視聴率が取れないというのが一番の原因で、その多くは深夜や早朝の時間帯に人知れずひっそりと流していた。

フジテレビは「花王名人劇場」というタイトルで、日曜夜九時というゴールデンタイムに、落語や漫才の演芸番組を企画したが、落語を扱った回は視聴率が伸びなかったという。すでにこの当時から、多くの視聴者には、座布団の上に座ったままで動きの少ない映像は、飽きられやすくなっていたようだ。やがて演芸番組として出発したはずが、終盤になると芦屋雁之助主演の『裸の大将』のようなドラマが主流になってしまった。

話を元に戻そう。私がNHKの落語番組に不満を感じていたのは、スタジオ収録の際、中高年の女性をお客にしていたことだった。それはその笑い声から、恐らくお客の大半が平日の昼間、暇を持て余している年配の主婦層のようだった。いくらか救いだったのは、このおばちゃんたちが通販番組のような仕込まれた「笑い屋」でなかったということぐらいだが、テレビからは覇気のない笑い声しか返って来ず、それによって視聴者に「落語って何だか古臭い感じがするなぁ」そんなイメージを植え付けているような気がして堪らなかった。年寄りの客が悪いと言ってる訳ではないが、噺家がくすぐりを言っても予定調和のような笑いでは、その面白さは半減しているように感じていた。

「どうして番組スタッフは、もっと若いお客の前で演ろうと考えないのだろう？　感性の豊かな若い人たちの前で落語を演ったら、未知の芸能に触れてダイレクトな反応をしてくれるんじゃないのか」

噺家の仕事には、「学校寄席」と呼ばれるものがあり、古典芸能を鑑賞する目的で全国の小・中・高校から依頼があるという。その学校寄席を収録すれば、もっと活気のある番組ができるのではないか。もちろん、なかにはテレビのバラエティに慣れ過ぎて、着物を着て座布団に座る姿を見ただけで「年寄り臭い」そんなふうに感じる生徒もいるかもしれないが、きちんと噺を聴いてくれるところであれば、何よりも噺家自身が気持ちの入った高座を勤めるに違いない。

熱気のある噺を聴けば、学生たちにもその面白さは伝わるはずで、その反響を受けてさらに演者は気持ちを乗せることができる。そういう相乗効果は画面を通じて視聴者にも必ず届くはずだ。そこに古臭いイメージは生まれないないだろう。

あの当時の私は、そんなことも考えていた。

古典落語をどう演じるか?

あるとき九治が、「兄《あん》ちゃんさぁ、きのうテープで目白(五代目・小さん)の『二人旅』を聴いてたら〈言葉がたり〉だとか〈言葉がたき〉だとかいう、聞いたことがない言葉が出てきたんだけど、どういう意味か知ってる?」と尋いてきたことがあった。

「いえ、今、初めて聞きました。気になりますね。ちょっと調べてみます」

私はその日、小三治の家を出ると近所の本屋へ立ち寄って、国語辞典を手に取って調べてみた。


【言葉仇(ことばがたき)】話し相手。へらず口をたたき合う相手。(小学館『大辞泉』)

『二人旅』は、仲の良い友達同士が旅をするという噺で、その道中では文字通りへらず口をたたき合う落語なのである。ただし、この言葉が載っている国語辞典は限られていて、何冊かある国語辞典を調べたものの、載っていない方が多いぐらいで、どうやら今では使われなくなってしまった死語のようだった。

九治にこのことを伝えると「へぇ、そんな意味だったんだ。確かに聞いたことはないけど、目白の子供の頃は使ってたのかな？　でもお客に解らなくても何となく残しておきたい言葉だよね」

こんな会話をしたことを覚えている。

そうは言っても、この辺りに古典落語の難しさがあるような気がする。多くの古典落語は、江戸時代を舞台にしている。なかには明治・大正・昭和初期までをひと括りにして、古典落語と考えている演者もいるようだが、私には大雑把過ぎるような気がする。鎖国が解かれ、アメリカを中心とした外来語などの多くの西洋文化が入ってきたことで、それまで主に武家や学者のあいだでしか使われることがなかった熟語も、広く一般に浸透していったことを考えると、古典落語を演じるうえでは、明治とそれ以前は区別するべきだと思う。

現代のお客に、意味が解らない言葉を使うことで「古臭い昔話というイメージを持たれたくない」という考え方も解るが「解りやすいことを優先する余り、敷居を下げ過ぎて古典落語の世界観が壊れてしまうのも、どうだろう？」という思いが私にはあった。

言葉は生きものであり、時代が変化すれば自ずと変わってくるものではある。確かに私が子供の頃と比べても、ことわざや慣用句が驚くほど通じなくなっている。『火焔太鼓』のサゲである「おジャンになる」という言葉も、私が小学生だった頃でも既に一般的ではなかったものの、何となく理解はできたものだが、今では一般人には理解不能な死語になってしまった。解らなくなってしまった言葉を、後生大事に埃をかぶったまま使うよりも、意味が解るように別の言葉に言い換えることも大事なのだろう。

しかし仮に意味が解らなくても、前後のやりとりからニュアンスが伝わるようなら、私は敢えて昔の言い廻しを取りたいと思っていた。それによって大半のお客から「古臭い」と思われたとしても、聞き慣れない言葉に関心を持つ人が現れることを期待したいと考えていた。例えば【理由】よりは【わけ】と言った方が、私には古典の世界観が広がるような気がする。同様に【心配】よりは【気掛かり】の方を選びたいし、【必死】なんて無粋な熟語を使うよりも【死にもの狂い】の方がしっくり来る。このぐらいの言い換えなら、その言葉が今は使われなくなってしまった死語であったとしても、意味は通じるように思うのだ。安易な言葉に言い換えるよりも、現代では多少違和感を覚える言い廻しであっても、敢えてとっつきにくい方を選びたいと思っていた。

当時の私は、言葉を生業にする以上、そういう語感を大切にした噺家になりたいとも考えていた。

破の章

ネタが付く

その当時、名古屋の東海ラジオでは『なごやか寄席』という三十分の落語番組を毎週放送していた。東京と大阪の中間地点にある名古屋は昔から芸処《げいどころ》と呼ばれ『なごやか寄席』は、東西の噺家がたっぷり持ちネタを披露することから、東海地方の落語ファンには人気の長寿番組だったようだ。小三治もたびたび番組から声が掛かり、その都度、公開収録にはハガキによる大勢の申し込みがあったようだ。

収録は基本的に二人の噺家が出演して、それぞれが二席ずつ演じるスタイルを取っていたが、この日は小三治一門の筆頭弟子である〆治が真打に昇進したことを祝って、東海ラジオが特別に［小三治・〆治親子会］というご祝儀企画を立ててくれ、私も開口一番として同行することになった。多くの落語番組は、事前に番組側から出演者にネタ出しを依頼されていて、この日は小三治が『がまの油』と『穴どろ』を。〆治は『粗忽の釘』と『松竹梅』を出していた。

私はネタが付かないように、少ない持ちネタのなかから何を演れば良いか考えた。

「『粗忽の釘』が出てるから『堀の内』はできないだろう。このところ寄席で『道灌』ばかり演ってるから、今日は『たらちね』にしよう」そんなことを考えて、開口一番の高座に上がった。

「まずは開口一番前座でございまして、お後をお目当てにお付き合いを願います。昔から『袖擦り合うも他生の縁。つまづく石も縁の端くれ』などと申しますが、取り分け不思議なのが、ご夫婦の縁のようで……」

ここまでしゃべったところで、高座の袖から「小多け、小多け！」と声がした。振り返ると〆治が胸の前で手で大きく×を描いている。「あれっ？ ネタが付いてたのか！」すぐに状況は解ったものの、頭の中は混乱していた。「あれ？『たらちね』は『がまの油』や『穴どろ』と付く部分があったかな。『松竹梅』は教わった挨拶を失敗するって噺だろう……」咄嗟に替りに何の噺を演るべきか思いつかなかった。といっても、前座の私には『道灌』『堀の内』『たらちね』『厄払い』の四席しか持ちネタがなく、迷うことなどないのだが一瞬の沈黙の後、口馴れた『道灌』を演ることにした。

一席終えて、高座の袖にいる〆治に「どうもすみませんでした」と謝ると、〆治は気にする様子もなく入れ違いに高座に上がって行くと「ご夫婦の縁というのは、不思議なもので……」と言って『松竹梅』を演り始めた。

私はそこで初めて、この噺と『たらちね』が〈婚礼〉というテーマで付くことに気が付いた。

楽屋に戻った私は小三治に「申し訳ありませんでした。お先に勉強させていただきました」と告げると、不機嫌な顔で「このウスラ馬鹿野郎！」と小言を言われてしまった。

「長短」の長さんになれ！

それから一週間後。再び名古屋に出向くことになった。今回は市内中心部にある名演会館というホールで小三治の独演会があり、その前座を務めるのが私の仕事だった。小三治は、ついこのあいだ、すぐ近くの別の会場で〆治との親子会を演ったことを思い出したようで、その日とネタが被らないように思ったのだろう。私に「このあいだ名古屋で、オレが何演ったか、ウチに電話して確認してくれ」と命じた。「あのときは『穴泥』と『がまの油』でした」と即答すると、それを聞いてすぐに思い出し、この日演るネタの絞りこみを始めた。

私は事前に兄弟子から「独演会は、師匠がある程度ネタを決めてるはずだから一応、開口一番で上がる前にネタの確認をしておいた方がいいよ」と教わっていた。しばらく様子を見てから「今日は何を演られる予定ですか？」と訊くと「そうだなぁ『出来心』と『大山詣り』かなぁ」ネタ選びに関しては、つい先日、目と鼻の先の会場で、しくじったばかりなだけに私も今回は慎重になっていた。

「先に上がって、ネタが被らない噺といったら何だろう……」と考え、「『堀の内』を演らせていただきます…」と答えると、「時間を気にしないで、たっぷり演れよ！」と言われた。

通常の寄席では出演者が多いことから、開演直後はどうしても時間が詰まることが多い。そのため覚えた噺を一席丸々演ることは、まず有り得ない。特に前座はプログラム以前の添え物的な存在なので、部分的な刈り込みをして、短めに高座を勤めることになる。そういう訓練は日常的にしていたが、時間を気にしないで演った経験のなかった私は恐る恐る「あの〜『堀の内』は、通しで演っても十二、三分しかないんですが……」と答えた。

すると小三治は、途端に険しい顔になって「大体、お前は早口過ぎるんだ。お前が噺家になって二十年のキャリアなら、そのスピードで演ってもオレは何も言わない。が、今のお前は修業中なんだぞ。『長短』の長さんになったつもりになって、自分がじれったくなるぐらい、ゆっくり演ってみろ！」

「はいっ！」

「はいじゃねぇんだよ。今、ここで演ってみろ！」

有無を言わさず、その場で突然のダメ出し稽古が始まってしまった。

「われわれの方で、そそっかしい人物が出てまいりますが……」

「〈われわれ〉じゃない。〈わ〜れ〜わ〜れ〉だ！」

「わ〜れわ〜れの方で……」

「〈方〉じゃない。〈ほ〜う〜〉だ！　いいか、客に受けることなんか考えるな。今お前がやらなければいけないのは、お客がイライラするぐらい、ゆっくりゆっくりとしゃべることだ！」

その後もダメ出しは続いたが、そのうちに劇場の係りの人が、開演時間を伝えに来てくれて、ようやく個人授業から解放された。開口一番で高座に上がると、客席は満員だったが、この日の私は目の前にいるお客ではなく、楽屋のスピーカーでじっと聞き耳を立てているであろう小三治だけに『堀の内』を聴かせていた。この噺の主人公であるそそっかしい人物を、単純に落ち着きのないおっちょこちょいと考えていた私は、つい気が緩むと早口になってしまうのだが、この日ばかりは思いきり手綱を引き締めて、うっかりすると走り出しそうになる自分を、もう一人の自分が必死に制しながら高座を務めた。自分では相当ゆっくりしゃべったつもりだったが、実際には普段の高座よりも五分も長くなかった。

それでも高座を降りて袖にいた小三治に「お先に勉強させていただきました」と挨拶をすると、「やればできるじゃねぇか」一言だけ言って、入れ違いに高座に上がって行った。

この日の終演後、高座から降りてきた小三治の着物を畳んでいる私に向って「今日の高座を忘れるなよ。自分が長さんになったつもりで、とにかく落ち着いて、ゆっくりゆっくり……意識してしゃべるんだ」

「は・い。あ・り・が・と・う・ご・ざ・い・ま・す」いつもよりもゆっくりと返事をすると、そのしゃべり口調に合わせて着物を畳む動きもゆっくりになっていた。その様子を見ていた小三治はじれったくなって「グズグスしてねえで、早く畳め！」と命じた。

「は、はい。すみません！」

私はいつもの早口に戻ると、慌てて着物を畳んで鞄に詰め込んだ。

弟子であることの喜び

その日、九治・小のり・三瓜は昼席に出ていて、前座は私ひとりだけだった。

昼下がり。遅い昼食を済ませた小三治は、そのままリビングで鈴本の席亭から注文されていた次回独演会のネタ出しに苦慮しながら、古い黒革の手帳と睨めっこしていた。その手帳には、今や自家薬籠中の『初天神』『死神』『小言念仏』『味噌蔵』といったネタはもちろんのこと。恐らく前座・二ツ目時代に演じた時期もあった、今では聴くこともない『手紙無筆』『片棒』『強情灸』『蔵前駕籠』といった過去に手掛けたネタまで、すべての演目が書き込まれてあった。

しばらく考えあぐねていた小三治は、突然「おい、『百川』と『青菜』は付かないか？」と、私に訊いてきた。ネタ選びというのは、基本的に同系の噺を避ける。例えば前に『真田小僧』出ていたとすると、『雛鍔』や『初天神』など、子供が活躍する噺を避けるのが、不文律になっている。また系統は違っていても、場面によって似たような部分が出てくることもある。例えば『穴泥』『猫と金魚』『質屋蔵』は、一見すると別々の噺だが、大店の番頭が泥棒や猫や化け物を怖がって、出入りの職人を呼び出すという共通する場面があるのだ。これでは、お客に「何だか同じような展開だなあ……」と思わせることになり、避けなくてはいけないのである。こうしたことから、多くの噺家はネタ選びには、想像以上に神経を使う。

突然、小三治からの『百川』『青菜』の共通点を訊かれた私は、戸惑いながらもしばらく考えて「付くかどうかは分かりませんが『青菜』で隠居の真似をして知ったかぶりをする植木屋と『百川』で訳知り顔になって掛け合い人と勘違いする男が、似ているといえば似ているような気もしますが」と答えると、「その辺りはそれほど細かく気にしなくても良いんだがな……」と言いながらも、その表情から「まぁ、参考意見として聞いておこうか」というニュアンスのようなものは読み取れた。

小三治にとっては、ちょっと確かめるつもりで何気なく訊いたのだろうが、私にしてみたら驚きの出来事だった。数ある仕事のなかでも特に大切に考えている鈴本独演会のネタを、前座の私に確認してくれたというのは望外の喜びだった。私はこみ上げてくる嬉しさを抑えていた。

同じようなことは九治にもあった。彼が小三治との旅先で、突然「今度の『三人ばなし』で、何演ろうかなぁ。お前だったら何が良いと思う?」と訊かれたと言う。

「三人ばなし」は常連客に案内状を送るため、毎回事前にネタ出しをすることになっていた。ホール落語会やテレビ・ラジオなどで事前にネタを出すのは日常的なことではあるが、前述したように噺家にとってかなり億劫なことで、当時から小三治はことのほかこの作業を嫌っていた。

「寄席の良いところは、その日の客席の雰囲気や自分の調子・気分によって演りたい噺を選べるところだ。それを事前にネタ出ししなくちゃいけないというのは苦痛でしかない。あらかじめ会の当日に備えて稽古をするのはもちろんだし、その日にそのネタを演るように体調や気持ちを合わせていかなくちゃいけないんだから」

それがネタおろしとなれば、なおさら億劫になるというのも無理のない話だった。このときの小三治は考えあぐねた末、「毎回自分で考えてネタ出しするよりも、時には他人の意見を訊いてみるのも目先が変わって面白いかもしれねえな」と感じたのかもしれない。それも赤の他人に訊くのではない。九治は前座として自分の身近にいて、常に噺を聴いているのだ。まるっきり自分の柄にないような、見当違いなネタを言うとは思わなかったはずだ。

小三治にとっては、ちょっとした気分転換のつもりだったかもしれないが、九治は師匠の思いがけない言葉に驚きながらも嬉しかったと言う。

「そうですねぇ。やっぱり『らくだ』なんか良いんじゃないかと思いますが……」

当時、小三治はまだ『らくだ』を手掛けていなかったが「高座に掛ければ、必ずや名演になるだろう」

という声は、ファンのあいだでも高かった。それは弟子のなかにもあり、「師匠『らくだ』演らないかな」という共通の思いがあった。

「『らくだ』ねえ。あれ、演ってほしいって何人かに言われてはいるけど、ちょっとまだその気になれないんだよな。他に何かないか?」

「そうですねぇ……」しばらく考えてから「『たちきり』なんて、どうでしょう?」

「『たちきり』かぁ」今度は小三治がしばらく考えて「そうだな、『たちきり』良いかもしれないな。じゃあ、それで手配しておいてくれ」

こうして九治の提案したネタは、すんなりと採用されることになった。小三治の『たちきり』は、ネタおろしでも評判が良く、本人も手応えを感じたのだろう。一時は気に入って十八番のように凝っていた時期もあった。これは九治にとって、このうえない喜びに違いないはずだ。「師匠が『たちきり』を演るキッカケになったのはオレなんだ」という思いがあるのだから。

天国から地獄へ

閑話休題。私が独演会のネタを確認された喜びに浸っていると、そこへ一本の電話が掛かってきた。受話器を取った私は電話口の向うの相手と話をしながらも、横で聞いている小三治を充分意識して、敬語の使い方、適切な言葉選び、礼を尽くした丁寧な応対。細心の注意を払って電話を切った。完璧な受け答えだった、と思った瞬間、「またお前は、早口になっている!」この一言に凍り付いた。

「このあいだ、名古屋で『長さんになれ』と、あれほど言ったのにできていない。やっぱりお前は噺家に向いてないんだ。クビだ！」もっとも恐れていた一言だった。

もちろん、あの一件以来、高座に上がると「自分は、長さんなんだ……」と意識して、極力ゆっくりとしゃべるようにしていたが、小三治にしてみたら「その程度の対応では甘い！」ということになるんだろう。「高座に上がったときだけじゃ、駄目なんだ。一年三百六十五日、二十四時間。寝ているときでさえ常に意識してなきゃ、お前の早口はすぐに元に戻っちまうんだ！」ということになる。

趣味の分野でさえ徹底的に突き詰めなければ収まらない人が、本業である落語に対して妥協することなど有り得ない。それは自分の弟子に対しても当然のように求めることだった。その昔、矢野誠一が書いた一文そのままの事態になってしまった。

「すみません。直します！」と言う私に、「駄目だ！　あれだけ言ってもできないというのは、お前には無理なんだ。噺家としてこれから先どれほどの苦労が待ってるのか計り知れないんだぞ。それなのに、この程度のことが直せないようなら噺家として見込みがないんだ。今すぐ辞めろ、クビだ！」

それだけ言い残すと自分の部屋に入ってしまった。

「どうしたらいいんだろう……」そう思ったものの、打開策など浮かぶはずもなく、そのうちに夜席に楽屋入りする時間が迫ってきた。

何も思いつかないまま時だけが過ぎて、ギリギリの時間になって「師匠、夜席に行ってまいります」と挨拶に行くと「お前はクビにしたんだから寄席に行かなくていい」取りつく島など一切ない。前述したことだが、寄席というところは人気や実力のある噺家を目当てにお客が来るのだが、実質的な番組進行は前座に一任されている。当時の落語協会は入門志願者が少なく、どの寄席も最低限の前座しかいなかった。その結果、一人の前座が欠員するだけで寄席の進行が麻痺してしまうような状況だった。となると私のような働きの悪い前座でも、頭数として必要とされていたのだ。今なら携帯電話で寄席の楽屋に電話を掛けて「師匠をしくじっちゃったので、そっちへ行けない」と連絡するところだろうが、当時はそんなものはなく、連絡手段といえば近所にある赤電話しかなかった。

小三治の目を盗んで掛けに行くことも考えたが、もしかしたらその間に小三治が私に用事を言いつける可能性もあり、迂闊に家を離れることはできない。またリビングの電話を使って出られない旨を伝えることも考えたが、この電話は小三治の部屋にも繋がっているので、うっかり使うこともできない。

最後の最後、万策尽きた私は突拍子もない行動に出ていた。ノックして小三治の部屋に入ると「三日で必ず直しますから寄席へ行かせてください！」と告げたのである。必死な面持ちの私を見た小三治は、ようやく寄席へ行くことを許してくれたが、外へは出たもののすっかり気持ちは落ち込んでいた。


六代目三遊亭円生が演る『淀五郎』で、由良之助役の市川団蔵から判官の腹切りが拙いと言われた沢村淀五郎は「どう演れば良いですか？」と尋くと、「芸の拙い役者は本当に腹を切れ」と突き放されてしまう。

自暴自棄になった淀五郎は舞台の上で団蔵と心中するつもりになるのだが、中村仲蔵の助言を受けて、翌日の芝居で見違えるほど見事な判官を演じることができるようになる。それを見た団蔵が「富士の山は一晩でできたというが、こいつも一晩で良い役者になりやがった」という台詞がある。そのときの私は「前座とはいえ、プロの噺家の端くれである以上、こんな初歩的なことに時間を掛けることは許されないだろう」という思いがあった。

淀五郎のように一晩で直せる自信などなかった私は、そこに少しだけ下駄を履かせて三日の猶予を願い出たというのが本当のところだった。それでも追い詰められた末に出た言葉なのだから、三日で直せる確信など全くなかった。とにかく、この状態から抜け出したいという一心で出た苦し紛れの逃げ口上だった。

二人にこの経緯を話すと「馬鹿だなぁ。昼席で働いていた九治と小のりがいた。何だってそんなこと言っちゃったんだよ。兄《あん》ちゃん、三日で直せる自信があるの?」

「正直、三日でできるなんて思ってないです。でも、あんなふうに追い込まれたら、ああ言うしか思いつかなかったんです」私の言葉に、二人まで暗くなってしまった。

その日は、最後まで落ち込んだまま楽屋で働いた。普段から陰気な私が、この日は取り分けて暗い顔をしていたのだろう、事情を知らない何人かの噺家たちは「師匠のところで何かしくじったな」と察して、「芸人は、陽気にね!」と声を掛けてくれた。いつもなら、そんな言葉を掛けてもらったら、努めて明るく振舞うところなのだが、この日ばかりは一瞬笑顔を返すものの、すぐに元の陰気な顔に戻っていた気がする。

それからの三日間は生き地獄だった。「何であんなこと言っちゃったんだろう……」悔やんでも悔やみきれず、自分の愚かさに腹が立った。もちろん、この間もゆっくりしゃべることだけは意識していたが、前座にとって楽屋という場所は、常に時間に追われる状況にあり、テキパキと仕事をこなさなければならない。「ゆっくりしゃべろう」と意識していても、いざ楽屋が立て込んでくると、知らず知らずのうちに口調も早くなっていた。

地獄の日々

約束の日まであと二日。

その日は柳家さん八から、新小岩での地域寄席の仕事を事前にもらっていた。昼席の後、さん八と合流して、新小岩の小さな公民館へ着いた。開演時間まで楽屋に控えていると、落語会の幹事さんが入ってきた。

「今日は中入りの後、前座さんにちょっとした余興をやってほしいんですよ」

怪訝な顔をする私に「ウチの会の会長が『簡単な小噺なら演ってみたい』と言うので、前座さんに見本でちょっと小噺を演ってもらいたいんです。その後で会長に同じ小噺を演らせたあとに、前座さんから『あなたは才能がないからクビにします！』と言ってもらえたら、お客はみんな仲間内ですから、受けると思うんです」

地域寄席というのは、ご近所同士の集まりといった色合いが強く、そういう背景を考えての発想だったんだろう。アイデアとしては面白いかもしれないが、今現在私自身がクビを宣告されている状況では素直に受け入れることはできなかった。

もちろんそんな事情を知らない幹事さんに悪意などあろうはずもないが、あまりの間の悪さに自分の運命を呪ったものだった。ジョークとしても、今の自分の立場を考えたらシャレにならず「そういうことは、私、不器用でできないんです」と断るのが精一杯だった。さん八も私がそんな状況であることは知る由もなかったが、あまりの困惑ぶりに助け舟を出してくれ、中入り後の余興は上手くまとめてくれて事なきを得た。

約束の日まであと一日。

この日の私は上野鈴本の夜席に入っていたので、本来、昼間は高田馬場に居るべきなのだが、小三治と顔を合わすことが居たたまれず、朝食を済ますと弟弟子の三瓜を残して上野へ向い、夜席までの数時間を動物園で過ごした。土曜日の動物園は多くの家族連れがパンダやゾウ、ライオンなどを見て楽しんでいた。私はサル山の前で、つぶやくように『道灌』を稽古した。自分が『長短』の長さんになったつもりで『道灌』をゆっくり、ゆっくりしゃべってみた。一席終えると、また初めから同じように「ゆっくり、ゆっくり……」意識してしゃべってみた。何度か繰り返し稽古はしたものの、小三治に認めてもらえる自信など一向に湧いては来なかった。

審判の日の大しくじり

その日、私は鈴本の昼席にいた。日曜日の寄席は大入り満員で、偶然にもこの日のゲスト出演のコーナーには小三治が入っていた。あれほど好きで好きで憧れた末に弟子入りした人なのに、この日ばかりは顔も見たくなかった。それでも時間は刻々と迫り、小三治の出番が迫ってきていた。

寄席での小三治はいつも出番ギリギリに楽屋入りするのが当たり前になっていて、弟子は時間を気にしながら楽屋口でソワソワするのが日常になっていた。いつもの私なら「早く来ないかなぁ」と思うところが、この日ばかりは「いっそのこと、このまま来なければ良いのに……」と考えていた。

小三治は直前の出番の噺家が高座に上がるのと入れ違いに楽屋入りした。すぐに高座着への着替えを手伝い、後は羽織を着せるだけになった。あらかじめスケジュール帳で、小三治が今晩時間があることを確認していたので、帰り際に楽屋口で「今夜、お宅に伺いしたいのですが……」とお願いするつもりでいた。

着物を着終えた小三治は、お茶を飲みながら立前座が置いたネタ帳を見ながら「どんな噺を演ろうか……」と考えていた。今にして思えば、普段の何倍も追い詰められて緊張の極地だった私は、小三治の一挙手一投足を食い入るように見続けて、羽織を肩に掛けるタイミングを見計らっていたのだろう。周りの状況が全く見えなくなっていた。小三治がちょっとでも動くと、弾かれたように羽織に手を掛けるが、まだその時ではなく、そんなことを何度か繰り返しているうちに、いつの間にか手にしていた羽織が裏返しになっていることに気付かずにいた。事件はここで起きた。

ようやく小三治が肩に手を置いて「羽織を掛けてくれ！」という合図が来て、緊張しながら羽織を肩に掛けた。すると、たまたま近くにいた兄弟子のはん治が、様子がおかしいのに気付き「師匠、羽織が裏返しになってます」と声を掛けた。私の緊張は一気に高まり「申し訳ありません！」と謝ったが、肩越しから睨みつけた小三治の形相は、全身から血の気が引くほど恐ろしいものだった。そして裏返った羽織を直すと、怒りのあまり一言も発することなく高座に上がって行った。悄然とする私に、詳しい事情を知らないはん治は「兄《あん》ちゃん、気をつけなよ」と、やさしく言ってくれた。

高座を終えた小三治に、駆け寄り再び詫びを入れたが、無言のままの厳しい表情であることに変わりはなかった。着替えを済ませ、楽屋口まで送りに行った小三治に、ようやく「先日、お約束した日が今日なんですが、今晩、お伺いしてもよろしいでしょうか」と告げると、静かに「七時に来なさい」とだけ言われた。楽屋口で後ろ姿を見送ると、一気に疲れが出た。たかだか三十分も満たない時間を、長い長い悪夢のような感じていた。

しかし、これは悪夢の入り口に過ぎなかった。本当の悪夢はこの日の夜に控えていて、さらにその悪夢がその後の自分の人生に大きな影を落とすことになるとは、このときの私には想像すらできなかった。

最終宣告

昼席が終わると真っ直ぐに高田馬場のアパートに帰り、約束の時間までとにかくゆっくり、ゆっくりと『道灌』を稽古したが、演れば演るほど不安が増していった。やがて約束の時間が迫り、いつもなら普通に歩いても十分ほどで小三治の家に着く道を、この日はおよそ二十分ほど時間を掛けて、口の中で『道灌』を稽古しながら、ようやくたどり着いた。

それからの小一時間。小三治との会話は、その後の私の人生を決定的に変えることになった。今になって思うのは、デビューしたばかりの四回戦ボーイが、無謀にも連戦連勝中の世界チャンピオンに戦いを挑んだのと同じだった気がする（もっともチャンピオンにしてみたら、スパーリングにもならない物足りない相手なのだが）。

「自分が長さんになったつもりでしゃべりますので、もう一度『道灌』を聞いてください」そう願い出ると、小三治は「可哀想になぁ。お前は本当に落語が好きなんだよなぁ。必死になって本気で直そうとしているんだよなぁ」と独り言のように呟いた。それは、その日の昼間、恐ろしい形相をした人の口から出る言葉とは思えないほど、穏やかな口調だった。そして、今の私がしなければいけないくらい、噛んで含めるように、ゆっくりと話し始めた。

「でも、できないんだよなぁ。やっぱり、お前が何度弟子入りに来ても、きっぱりと断ってやれば良かったんだなぁ。可哀想になぁ……」

そう言って、哀れむように見つめる表情は、ボディブローのように的確に私にダメージを与えた。ある意味「馬鹿野郎、お前なんかクビだぁっ！」と感情に任せて怒鳴りつけてくれたら、こちらもすがり付くこともできたろうが、冷静に発せられる言葉の一言一言は氷のように冷たく、情けにすがるような隙を一切与えなかった。

その後も小三治が繰り出す言葉のパンチは確実にヒットして「噺家を続けたい」という私の熱意を確実に冷ましていった。そのうちに、あまりにも自分の発した一言一言が予想通りにヒットするので退屈したんだろう。突然、小三治はガードを下げて、わざと隙を作ってみせた。

「まぁ、これ以上噺家を続けてもお前は一流の噺家になれないが、それでも良かったら置いてやらないこともないが……」

とどめの一言

そう言われた私は「そうか……やっぱりオレは本当に才能の欠片もなかったんだ」心底思い知らされた。芸人になろうと思う人間は、大なり小なり自惚れがあり、私にも小さな自惚れがあった。だからこそこの人の弟子になりたいと思い、修業を続けてきたのだが、今やその自惚れは粉々に打ち砕かれて、跡形もなかった。

他人様の芸は客観視できるが、自分が演る芸は主観で視るしかない。自分がしゃべった高座をテープに録って、後からそれを聞いてみると、思い描いていたものよりも数段下手に感じるのは、私に限らず多くの噺家が感じることだ。それでも噺家を辞めないのは、それが錯覚であっても「まぁ、そこそこの腕はあるだろう」という根拠のない勝手な思い込みがあるからだと思う。

小三治に才能がないことを宣告された私は今や完全に自信を失っていたが、それでも噺家を辞めたくなかった。重い口調で「一流になれなくても良いですから、弟子に置いてください」ようやくそれだけを口にした。

この答えは、小三治にとって全く想像していなかったようだ。「窮鼠、猫を噛む」ではないが、追い詰められた末に出た私の一言に、明らかに動揺しているようだった。「そうか、そんなにまでして、オレの弟子でいたいのか」それだけ言うと、しばらく沈黙が流れたが、やがてゆっくりと話し始めた。

「だけどなぁ。それはあまりにも身勝手過ぎやしねえか？　弟子を取るというのは、苦痛以外の何物でもないんだ。オレだけじゃない。内儀さんだって同じだ。こっちが駄目だというのに、無理矢理弟子入りして来て、居て欲しくもないけど毎日、同じ屋根の下で顔付き合わせて、やってほしくもないけど修業という名目があるから、用事を言いつけると『お内儀さん、すみません。茶碗、割っちゃいました』『お皿割っちゃいました』『洗濯物取り込むの、忘れてました』。次から次へとイライラさせて。それを仕事から帰って来たオレに、いちいち報告するだろ。こっちの機嫌が良いときは、シャレっぽく受け流すこともできるけど、くたびれて帰って来てそんなことゴチャゴチャ聞かされたら、こっちまで不機嫌になっちまうんだよ。それでも何故、弟子に置いてやるかといったら『何れはこいつがひとかどの噺家になってくれるんじゃねぇか』と思うからこそ我慢して置いてやってるんだ。それを自分から『三流でも良いから置いてください』というのは、オレにとっては暴力そのものだぜ」

初めのうちこそ穏やかだった口調も「暴力」と言う頃には、恐ろしいほど怒気を含んでいた。私は追い詰められた末に出たこととはいえ、取り返しのつかないことを口にしてしまったことが情けなく、自己嫌悪に陥っていた。それと同時に、世の中でもっとも敬愛する人から自分の存在が「暴力」だと言われたことに、身を斬り裂かれる思いだった。

もはや何も口にできない私に向かって発せられた小三治の一言は最後のダメ出しになった。

「大体、今日の昼間の羽織の一件だって許されるもんじゃねぇんだよ！」

フラフラになって立っているだけの四回戦ボーイには、勝負を決する強烈なアッパーカット。完全なＴＫＯだった。しばらく沈黙が続いたあと、再び静かな口調になった小三治はうなだれている私に「そういう訳だから、帰りなさい」とだけ言った。

私は魂が抜けたようにゆっくりと立ち上がると頭を下げて部屋を出た。三階から二階へ降りる階段を一歩踏み出すと、それまで苦しくて苦しくて居たたまれなかった自分の身体から突然、物凄い勢いで張り詰めていた空気が抜けていくのを感じた。一段、また一段と階段を降りるたびに身体は軽くなり、二階に降りたときには、さっきまで鉛のように重かった身体が、ウソのように身軽になっているのを感じていた。ここ数日、自分はどれほどの重圧の中にいたのかを、思い知らされた。

「ああ、本当に終わったんだな……」それは残念というよりは意外なことに「やるだけのことはやった」という達成感のように清々しいものだった。

「お前は、噺家として才能がないから辞めろ！」

ひと山いくらというような、名ばかり真打に言われたのではない。世の中で、自分が一番信奉する人から言い渡された最終宣告なのだから、辛いことには違いないが得心が入った。私自身、客として寄席に通っていたとき、聴いているのが苦痛だった噺家がいた。教わった噺を何の工夫もなく、十年一日そのまま演じるだけの噺家。大した技量でもないくせに、そのテクニックに胡坐をかいているだけの噺家。反対に、未熟なテクニックを誤魔化すために、噺をいじくり廻して小手先のアイディアで考えたくすぐりを加え、それがオリジナリティだと訴える噺家。

「あんな噺家にだけはなりたくない！」そう思っていたが、現実にはそれ以前の、しゃべることの基本すら満足にできなかったのだ。もはや成す術は一切なく、スッパリと諦めることに抵抗はなかった。

私は一度は降り切った階段を、今度は勢いよく駆け上がると「長いあいだ、お世話になりました。ありがとうございました！」小三治に向かって土下座をして挨拶をすると、すぐその足でリビングに行き、テレビを見ているお内儀さんに「お内儀さん。長いあいだ、お世話になりました。ありがとうございました。失礼します！」それだけ告げると、玄関から退去した。

ただひとつ気になったのは、リビングの食卓に、この後の来客のために用意された水炊き用の鍋と、野菜や肉が盛りつけられた大皿があったことだ。

当時、浅草演芸ホールは中入りの時間に、前座が場内アナウンスをすることになっていた。

「写真撮影や録音はお止めください」

「タバコは喫煙室でお願いします」

というもので、前座のなかには受け狙いで、ふざけながらアナウンスをする者が少なからず居た。楽屋でそれを聞いた小三治は、そのおふざけが半ば慣習化されていることを苦々しく思っていた。そこで思いついたのが、当時はまだ珍しかった女性噺家の三遊亭歌る多と古今亭菊乃の二人だった。寄席が終わった彼女たちを自宅に招き、この場内アナウンスをテープに録ることにしたのだ。

小三治のスケジュールを書いたこの日の予定表には、「歌る多・菊乃　来訪」とあり、水炊き鍋が彼女たちのために用意されていることはすぐに解った。これから和やかに鍋を囲んで小三治と彼女たちが楽しい時間を過ごすであろうことを羨ましく感じながら、私の通算二年弱の短い噺家人生は幕を閉じた。

憑き物が落ちたように

それからの行動は、我ながら迅速だった。アパートへ帰ると、すぐに小のりへ電話を掛けた。

「ご心配をお掛けしましたが、やっぱり駄目でした。兄《あに》さんには、本当にお世話になりました」

「ホントに辞めちゃうの。良いのかい?」

「はい、もうやるだけのことはすべてやりましたから、今は却って清々しい気持ちで後悔はありません！　ただ、事前に協会や何人かの師匠から仕事をいただいていたんで、それをお伝えしますから、申し訳ないんですが他の前座に手配してもらえませんか？」

頼み込んで、業務連絡もこの日のうちに、すべて完了した。その後も兄弟弟子の〆治・小八・福治・九治・三瓜と次々に電話を入れて、今まで世話になった礼を済ませたが、はん治だけは留守で直接話をすることができなかった。

当時はん治が付き合っていたお姉さんに「お世話になったこと、よろしくお伝えください」とお願いした。〆治は惣領弟子として責任からか「兄《あん》ちゃん、そんなに簡単に諦めないで明日会おう」と言ってくれた。明日からの予定が全くの白紙になった私は「直接会って、これまでのお礼もしなければ……」と思い、約束を了承した。

その晩は、それまで不安で満足に眠れなかった三日間の反動からか、ぐっすり休むことができた。不思議なことに、明け方近くになって夢の中に、小三治ではなくお内儀さんが出てきたことだけは覚えている。

はん治のやさしさ

翌日は、朝一番で鈴本へ行き、楽屋に置いてあった自分の着物が入ったカバンを持つと、指定された高田馬場の喫茶店で〆治と落ち合った。

「ホントに辞めちゃって良いの？」という問いに、この三日間の一部始終を他人事のようにサバザハとした口調ですべて話した。あまりにもあっけらかんとしている私を見て、ようやく納得した〆治は「それほど踏ん切りが着いてるんならオレが出る幕はないな。それで、これから先はどうするつもりなの?」「一番やりたかったものが駄目になったんですから、これから先は何でも良いです。しばらくは何がやりたいのか落ち着いてじっくり考えてみます」

そんな会話をしているところへ、突然はん治が現れた。前の晩、仕事で遅く帰宅したはん治は、お姉さんから言づけを聞き、すぐに〆治に連絡すると「小多けとは、明日高田馬場の喫茶店で会うことになっているから」と聞いて、わざわざ駆けつけてくれたのだ。改めてはん治にも、〆治に話したことを告げると、気の優しい彼は「そうか。きのうの昼間、羽織を裏返しちゃったのも、それだけ切羽詰まった状態だったんだね」と気遣ってくれた。

それからは、急遽お別れ会ということになり、何軒か店をハシゴしてご馳走になった。噺家として、兄弟子にご馳走になるのもこれが最後と思い、普段は飲まない酒も少しだけ飲ませてもらった。〆治が行きつけのバーでは、生まれて初めてバーボンをちょっとだけ口にした。ほぼ半日ほど掛けてたっぷりとお別れ会をしてもらい、最後に〆治に礼を言って別れたが、はん治はまだ別れ難い様子で「もう一軒だけ行こう」と言って、高田馬場の駅前にある鮨屋に連れて行ってくれた。

改めて「短い期間でしたが、お世話になりました」と礼を言い、ここでも思い出話をさせてもらった。はん治は終電ギリギリまで残ってくれた。最後の最後、高田馬場の駅前でお別れを言うと「兄ちゃん、ホントにホントに良いの? 今ならオレがあいだに入るから、これから師匠のところへ行こう」と言ってくれた。このときの言葉は、思い出すと今でも涙が出てくる。彼の暖かい人柄に触れて嬉しかったが、それでも私の気持ちは変わらなかった。

師匠をしくじってクビを言い渡されたのであれば、あいだに入って取り成してもらうこともできようが、噺家として見込みがないというのは、それが兄弟子であってもどうにもならない。丁重にお断りをしたものの「自分が力になってやれない……」という思いで、がっかりするはん治を見るのは堪らなく辛かった。数カ月前にスキーで骨折して、まだ完治していなかったはん治が、肩を落として少し足を引きづりながら帰る後ろ姿を見ると、本当に申し訳なく、しかしその優しさに感謝して、彼の姿が見えなくなるまで頭を下げていた。

ここまで書いてきて我ながら驚くのは、もう四半世紀以上も昔の出来事なのに、昨日のことのように鮮明に記憶していることだ。それだけ噺家として過ごした最後の数日間は、自分にとって一生分に匹敵するぐらいの強烈な時間だったのだろう。事実、その反動からか、それ以降の二十数年の出来事は、ほとんどが曖昧な記憶でしか残っていない。

リセットするための東北ひとり旅

突然、一切の予定がなくなった私はひとり旅をすることにした。

時はJRに民営化する前の国鉄時代。ワイド周遊券を購入すると、一週間を掛けて東北を一周することにした。上野から青森に向かって太平洋側を北上し、それから日本海側を南下して、新潟からフェリーに乗って佐渡へ渡ることにした。宿は、時刻表で当日の列車の到着時間を確認してから予約をすることにした。手荷物は小さな鞄がひとつ。その鞄に、当時流行っていた村上春樹の文庫本を何冊か入れ、読書をしながらときどき車窓から景色を眺める…という旅を続けた。

落語への決別のために出掛けた旅だったが、不思議なことに東京から離れれば離れるほど落語への思いは強くなっていた。佐渡へ渡った旅の最終日の朝。泊った民宿で、すぐ近くに能楽堂があることを教わり、行ってみることにした。小高い丘の上にあった能楽堂は、歴史を感じさせる古い佇まいだった。私は能舞台に上ると、今までの自分と決別する思いで誰もいない客席に向かって『道灌』を一席しゃべってみた。

挨拶に来ない?

東北の旅から帰ってしばらくしたある日の夜、九治から電話が掛かって来た。彼は小三治の前座として、九州一円を一週間ほど旅して、帰って来たその日の晩に電話をくれたのだ。

「兄《あん》ちゃん、今から会えないかい?」

何も予定のない私は、しばらくぶりに会うこの兄弟子ともきちんと会ってお礼していなかったことに気付き、すぐに高田馬場の駅前に向かった。九治の行きつけの店に行くと、少し酒が入った彼の口から信じられない言葉が出た。

「師匠がさぁ、『オレはあいつをクビにして良かったと思ってる。あいつは世話になっていながら挨拶に来ない』って言うんだよ。兄《あん》ちゃんのこと考えたら、オレ、口惜しくってさぁ。でも相手が師匠じゃ何も言えないだろ。黙って聞いてるしかないじゃないか」

私のなかでは、あの日にすべてが終わって、階段を駆け上がって最後の挨拶したつもりだったのに、まさか小三治がそんなことを考えていたとは夢にも思わなかった。それと同時に私のことを思って、口惜しがってくれる九治の優しさが嬉しかった。九治からは、こんな話もあった。

「師匠がさぁ『オレは自分の弟子のなかでは、小八とお前に期待してるんだ』って言うんだよ」

噺家の道を断念させられた者にとっては酷な話だが、あのときの私にはどうでもいいことだった。

それから後は思い出話に花が咲き、それと同時にいろいろなエピソードも思い出して、わずか二年弱の短かった前座生活を振り返っていた。ひとしきりご馳走になって話が済むと、九治と別れてアパートへ帰った。

呪いの言葉

それにしても腑に落ちなかったのは、「どうして師匠は挨拶に来ないと思ったんだろう?」ということだった。最終宣告を言い渡されたあの夜、私は一旦は降りた階段を再び駆け上がり、確かに小三治の目を見て、はっきりと最後の挨拶したはずで、それをしっかりと見届けてくれたと思っていた。

「それじゃあ、どうすれば挨拶したことになるんだろう……」と考え、名前を返していないことに気が付いた。目白の小さんの家で小多けを名乗ることを許された翌日、小三治が自ら筆をとって藝名を書いてくれた半紙は、両親の住む実家に預けておいたのだが、翌朝一番で取りに戻ることにした。

大切に額縁に入れてあった半紙を取り出すと、すぐに高田馬場に戻った。幸いなことにこの日小三治は自宅にいた。名前の書かれた半紙を差し出し、絨毯の上に正座して改めて礼を述べた。

「ご挨拶が遅れて申し訳ありません。長いあいだ、お世話になりました」

最初に弟子入りを志願したときから、この人の前ではいつも顔色を窺ってオドオドしていたのに、この日ばかりは信じられないぐらい堂々としている自分が不思議だった。臆することない私に対して、むしろ小三治のほうは明らかに戸惑っているようだった。しばらくの沈黙の後、小三治の口から弱々しい口調で、しかし絶対に聞きたくない一言が飛び出した。

「オレは、お前に『辞めろ』と言った訳じゃない。『辞めたらどうですか?』と言ったんだ」

恐らく小三治本人はもう覚えていないだろうが、言われたほうは絶対に忘れることはできないぐらい、それまで生きてきた人生のなかで、こんなに残酷な言葉はなかった。この一言が呪いの言葉になって、その後の私の人生を苦しめ続けることになる。ウソでも良いからあのときに「よく決心したな」と言ってもらったほうが、どれだけ救われたことか。今になって奥歯にモノの挟まったように「辞めたらどうですか?」と言われても、こっちにしてみたら傷口に塩を塗りつけられる思いだった。

「そんなおためごかしはやめてください」

喉まで出かかった言葉だったが、すべては終わってしまったこと。私は頭を下げたまま黙っていた。しばらくすると「そんなところに正座をしなくて良いから椅子に座りなさい」促されて椅子に腰掛けさせてもらった。

「九治から話を聞いたのか?」

「はい、昨夜聞きました」

「そうか。お前はオレのところで修業をしたんだから、これからはどこへ行って、どんな仕事に就いても立派にやっていけるぞ」

ついさっきまで口惜しい気持ちでいたのに、そんなことを言ってもらうと感激していたのだから、お人好しにもほどがある。

「オレの知り合いの○○を知っているか?」

○○さんというのは小三治のバイク仲間で、夏場になると一緒に北海道へツーリングへ行っていたことは知っていた。また私自身は行ったことはなかったが、小三治が行きつけにしている喫茶店が○○さんの経営する店でもあった。さらに○○さんは、数カ月に一度、小三治宅で行われるカラオケ大会にも、小燕枝・さん喬・小里ん・志ん橋・小袁治・さん八といった噺家たちに交じって参加していたので、前座の私にとっても顔だけは知っている存在だった。

「何も予定がないなら、今から○○のところへ行って、これからのお前の身の振り方を相談すると良い」と言うと、小三治自らわざわざ電話を掛けてくれた。

「今、大丈夫かい? これから小多けをそっちにやりたいんだけど面倒みてやってくれないか」

かつて小里んに『道灌』の稽古を頼んで以来の出来事だった。私はただただ恐縮していた。バスの乗り場を教えてもらい、○○さんの事務所に着いた。快く招き入れてくれた彼の口からは、ここで思いがけないことを聞くことになる。

「君とはこれまで一言も話しをしたことがないけど、君のことは師匠からずい分聞いてるんだよ」

びっくりする私に、

「師匠からは、幾度となく『あいつは一皮剥けないんだよ。何とかしてやりたいんだけどなぁ……』と聞いてたんだよ」

まさか小三治が、そんな会話をしていたとは。そう思ってはみたものの、すでに後の祭りだった。それから後も、今後の私の身の振り方についていろいろと話しをしてもらったが、それ以前に小三治が私のことをそこまで悩んでいたということがあまりにも強烈過ぎて、ほとんど記憶に残っていない。それでも「今後のことで相談したいことがあったら、いつでも来て構わないから」と言ってもらい、礼を述べて事務所を後にした。

アパートへ帰ってからも、まだ信じられなかった。

「師匠は、もしかしてオレに期待してたのか？　事あるごとに『辞めろ！』『お前には才能がない！』『クビだ！』って言ってたのは何だったんだよ！　オレは辞めることなかったのか？」

三たび復帰を願い出る

思い返しているうちに、猛然と噺家に戻りたくなった私は、翌日、小三治の家に直行した。事前に連絡することもなかったのに、運良く会うことはできたが、小三治はちょうど寄席に行く時間だったのだろう。玄関に立って、今まさに出掛けるところだった。

「もう一度初めからやり直します。改めて弟子にしてください！」と志願すると、明らかに困惑した表情を見せながら「それは今さらできない。第一、お前はオレの立場を分かっていない」と言われた。

この時点で、私が噺家を諦めてから二週間近くは経っていたはずだった。小三治としては本意ではなかったものの、結果として辞めさせた以上、すでに私の廃業届を協会事務局に出した後だったのだろう。特に私の場合、スコップ事件で一度は破門を言い渡されながら温情から「前座としての籍は抜かないで、そのままにしておいて欲しい」と頼んだ前歴があっただけに、協会に対してこれ以上甘えることはできないという思いがあったのかもしれない。

押し黙ったままの私に三度《みたび》、小三治は信じられないことを口にした。

「お前が本当に噺家に戻りたいというなら、真打と認められるぐらい上手くなってから来い！」

苦し紛れだったとはいえ、こんな無茶苦茶なことってあるだろうか。噺家は弟子入りしたら、真打になることが当面の目標になる。もちろん真打はスタートラインであり、そこから先が本当の勝負ではあるのだが、とにかく前座になった当初は、真打になることを第一の目標にして日々の修業を送ることになる。小三治自身も、何人もの先輩たちを追い抜いて抜擢で真打になったとはいえ、それでも入門から十年はかかっているのだ。

それを噺家の修業をさせてもらえず、「外の世界で、独学で上手くなって来たら戻してやる」というのは、それが咄嗟に出た口実だったとしても、私には残酷過ぎる言葉だった。もっとも今だからこそ、そんなことも言えるが、あのときの私は師弟関係が続いているという意識があり、何ひとつ言い返すことができず押し黙っていた。

いよいよ寄席の出番が迫ってきたようで、小三治はそれだけのことを言い残すと玄関から出て行ってしまった。

壁に貼られたメモの数々

今でもまだあるのか知らないが、当時、小三治の自宅の二階から三階へ上がる階段の壁には、走り書きにしたメモが備忘録として、いくつも貼ってあった。

「『茶の湯』のサゲ、怒ったほうがいい」というのは、具体的な演出法を書いたものだった。『水屋の富』というメモもあった。『水屋の富』は恐らく三人ばなしで演るネタの候補だったのだろうが、少なくとも私が弟子として居るあいだ、この噺を手掛けることはなかった。

「柳朝兄、見舞い」というメモは、当時脳梗塞に倒れて長期入院中だった五代目春風亭柳朝のことで、タイミングを見て見舞いに行こうとしていたのだろう。それらのメモに混じって「獅子はわが子を千尋の谷底に突き落とし、這い上がってきたものだけを育てる」という異質な書き込みがあった。

今にして思うと、あのメモだけは備忘録というよりは、わざと弟子たちに見せるために貼られた、小三治からの強烈なスパルタ宣言だったのだろう。初めてこのメモを見たときには、身が引き締まると同時に「どんなに崖下に突き落とされても這い上がってやろう」と思ったものだった（もっとも実際のライオンはネコ科というだけあって、文字通りわが子を猫っ可愛がりするらしい。千尋の谷底に突き落とすというのは、獅子の逞しい風貌から人間が勝手なイメージで作り上げた幻想だということを後年知ることになる）。

小三治の誤算

『民俗芸能を守る会』は、落語や講談など民衆のなかで生まれ愛されてきた芸能を守り発展させることを目的に発足した、採算を度外視した自主的な団体である。ここでは毎月一回会員向けに会報誌を発行していて、この巻頭文は長いあいだ彦六で亡くなった八代目林家正蔵が執筆していた。昭和五十七年に正蔵が亡くなると、この巻頭頁は先代の金原亭馬生など何人かの噺家が引き継いだようだが、やがて事務局長にくどかれて、ある時期から小三治がこの頁を任されることになった。『紅顔の噺家諸君！』と付けられたこれらの文は多趣味な小三治らしく、自分が興味を持っている趣味に言及しているものもあるが、やはりその大半は本業の落語に関するもので、短い文章ながら小三治の芸に対する真摯な思いが伝わってくる。

入門当時の私はまさにタイトル通りの紅顔の噺家そのものであり、毎月この会報誌が送られてくると、それこそむさぼるように読んだ。後年、この文章は俳優の小沢昭一が監修し、『落語家論』（平成十三年、新しい芸能研究室）と改題して書籍化された。

この本のなかで小三治は、前座という修業期間は自分の弟子に、これ以上ないぐらい嫌な思いをさせてやりたいと語っている。そういう思いをしておけば、二ツ目になってどんな辛い事態に遭遇しても対処できるようになるだろう。自分が弟子に嫌な思いをさせることで怨みを買ったとしても、それが将来役に立つのであれば本望である。「鉄は熱いうちに打て」と言うが、世の中の何も分からないうちに、厳しい経験を経た者とそうでない者とでは将来格段の差が出ることになるとしている。

弟子の将来を思うからこそ、自分は憎まれ役に徹しようという親心を告白したこの一文は、昭和六十年に書かれている。

昭和六十年といえば、私が例のスコップ事件でクビを言い渡され、およそ半年間、アルバイトで食いつないでいた時期と重なる。これは私の勝手な思い込みだが、この一文は私をスコップ事件でクビにしたことがキッカケで書かれたような気がする。破門を解かれて再び修業の身に戻ったとき、この一文を読み「親の心　子知らず」と痛感したものだった。「その人を敬愛するからこそ、それがどんなに辛い修業であっても耐えていける」そう信じていた。

しかし小三治の口から出た「俺にとって、お前が弟子としていること自体が暴力だ」という言葉は、師弟間の絆を断ち切る一言だった。あの日、親獅子によって崖から突き落とされた子獅子には、再び崖を這い上がるだけの気力は完全になくなっていた。今にして思うと、これは小三治にとって大誤算だったことになる。所謂「薬が効き過ぎた」という奴だ。

「こいつは何度も弟子入りを断ったのに、時間を掛けて、しつこく粘り抜いてとうとう弟子になりやがった。一度は破門にしても、白菜担ぎのアルバイトをして半年後にはまた戻って来た。根性だけは持ってるが何かが足りない。ここは一皮剥くために徹底的にシゴいてやろう」そう思った末に処方した薬だったのだろう。

ただし、小三治が言い放った「暴力」という一言は飛び切りの劇薬だった。癌を死滅させる抗癌剤には強い毒性があり、患者はしばらくのあいだその副作用に苦しむことになるという。それだけに用量を誤ると、癌どころか患者そのものを死なせてしまうことになるという。私のなかにある「早口」という癌細胞を死滅させようとした結果、薬を盛り過ぎたことで柳家小多けそのものを殺してしまったのだ。

私にクビを言い渡した翌朝、小三治は「あの野郎、今朝は何と言って来るつもりか。昨夜と変わらないことを言うようなら、さらに追い込んでやるか」そんなことを考えていたかもしれない。

リビングに降りてきたところで私の姿がないことに気づくと、他の弟子に訊いたはずだ。

「ゆうベクビを言い渡されて、辞めるという電話がありました」

「小多けの奴はどうした？」

小三治にしてみたら驚愕したことだったろう。落ち込みながらも翌日には私が顔を出すと思っていたのが、案に反して私は呆気ないぐらい簡単に辞めてしまったのだから。それが本意でなかったにせよ、一人の若者の人生の目的を断念させたことで、恐らく数日間は相当思い悩んだのではないだろうか。

そのうちに「俺がこれほど悩んでいるのに、あいつはあれっきり一度も顔を出さない」と考えるようになり、それが「世話になっておきながら挨拶ひとつ来ない」と九治に話したんだろう。

言葉の裏を読み取る

噺家というのは、世の中の出来事を斜に構えてとらえる習性がある。大衆が正しいと感じることであっても、敢えてその意見に反論してみたり、仮に肯定するにしても全面的に支持するのではなく、瑣末な部分を見つけて混ぜっ返してみせることがある。「芸人は世情のアラで飯を食い」という言葉は、そうしたことを言い表している。

また正論を正論のまま語るのは危険なことであり、時には一度捻って物事を観ることで、その本質が見えることもある。そこまで大袈裟に構えないまでも芸人には大衆が右を向いたときに、それに倣って自分も右を向くというのは「野暮だね」と考える習性があり、わざわざ反対方向の左（場合によっては、大衆が想像もしなかった下や上）を向くことが粋と考えるところがある。師匠が言った言葉であっても、それを額面通りに受け取るのではなく、その言葉の裏にある真意を読み取ることも、前座時代の修業のひとつだったのかもしれない。

ただ厄介なことに、小三治という人は時として百パーセント本心で言っていることがあり、この場合下手に裏読みすると、却って失敗することになる。言葉のニュアンスや、そのときの表情などを見て、それが本気で言ってることか裏があるのかを判断しなければならない。相当高度なことなのだが、そういう部分さえも読み取れないようでは、小三治の弟子としては失格ということなんだろう。その意味では、私は純粋過ぎたのかもしれない。というよりは、単に言葉の裏を読み切れなかった、只の馬鹿ということになるのだろうか？

「鉄は、熱いうちに打て」という言葉はその裏に期待と愛情を感じさせるが、いくら熱い気持ちを持った鉄であっても、熱することなく冷たい氷水に入れられるばかりでは冷め切ってしまう。あの日の小三治の口からは冷や水を浴びせるだけで、熱く奮い立たせるような言葉は一言も出なかった。悔やまれるのは、あのときたった一言でも、小三治自身が私に期待を掛けていることを感じさせてくれる何かを、うっすらほのめかしてくれてさえいたら、もう一度自分を奮い立たせ、谷底から這い上がることができたということだ。

初めて分かった柳朝の芸

それでもあの当時は「もしかしたら、別の方法で早口を克服できるかもしれない」と思うことがあった。考えあぐねた末、恵比寿にあったアナウンサーの学校に入学してみた。安くはない月謝を払い、毎週日曜日に二時間、三カ月間の講習を受け続けた。教室では顔の筋肉をほぐすことから始まって、発声練習、歌舞伎の外郎売りの口上などを演ってみたり、とにかく二時間声を出し続けた。

アパートへ戻ってからも反復練習を繰り返したが、講習が半分を過ぎる頃になると「早口が直せたからといって、それでホントに復帰できるのだろうか？」という不安が頭をよぎるようになっていた。

ちょうどその頃、かつての兄弟子・小のりから「兄《あん》ちゃんさぁ、柳朝師匠のテープ持ってない？」と電話があった。噺家を辞めてもしばらくは、同期の修業をした前座仲間や、何人かの二ツ目の兄弟子たちとは交流があり、彼らは何かと気に掛けて折にふれて連絡をくれていた。

私の手元には元気な頃の春風亭柳朝のテープが何本かあり、早速ダビングすることにした。正直言って、素人時代の私には柳朝の面白さは分からなかった。『宿屋の仇討』『天災』『粗忽の釘』『大工調べ』に代表される、江戸っ子が出てくる噺は威勢が良いとは思うものの、ちょっと早口過ぎてときどき聞き取れない部分があった（最後まで早口を直せなかった私が言うのも可笑しな話だが）。

ところが、このときはダビングしながら「ええっ、柳朝師匠ってこんなに面白かったんだぁ！」とびっくりした。

『天災』のなかで紅羅坊名丸に「広い原中、木などは一本もない。そのときあなたは、どうなさる？」と追い詰められた八五郎が「一本ぐらいあったたって良いじゃねえかぁ！」と絶叫する場面では、大笑いをしていた。ポンポンと威勢のいいテンポで聴かせるタイプの人で、今にして思うと早口にまくし立てる口調は、江戸っ子特有の気の短さと、柳朝自身がお客の笑いが返ってくるまでじっくりと待つことに対する照れがあったのかもしれない。その後も何本も柳朝のテープを聴くうちに、あれだけ敬愛してその芸に憧れ続け、小三治一辺倒だった私のなかに変化が生まれていた。

「文楽師匠の『厄払い』の冒頭じゃないが『十人寄れば気は十色と申します。百人が百人、皆、お顔・形が違うように、お気合いてぇものが違ってまいります』。噺家も百人いたら百通りのやり方があって良いんだよな。柳朝師匠は自分の芸を一流だとは思っていなかったかもしれないけど、これだけ楽しませてくれたら充分だよ。おっちょこちょいで人の好い江戸っ子は、あの人の人柄そのものだったのかもしれないなぁ」

それと同時に、五代目柳家小さんの言葉を思い出していた。

「『芸はそれを演る芸人の人柄がそのまま出る』に通じるんだよな。少なくとも柳朝師匠は、自分の弟子が壁にぶち当たっていても、その打開策として策略をするようなことはしなかったはずだ。まして自分の体面を守るために弟子を見殺しにするようなことはしなかっただろう」

そんなことを考えるようになると、ゆっくりしゃべるというテクニックを磨くために入学したアナウンサー学校への熱意も次第に醒めていった。

その年の夏、テレビ朝日の『熱闘・甲子園』のなかで、岡村孝子が歌う『夢をあきらめないで』が流れてきた。この曲は、甲子園での優勝を目指す高校球児に向けて選曲されたようで、イメージソングとして番組で歌われていた。「♪あなたの夢をあきらめないで　熱く生きる瞳が好きだわ　負けないように悔まぬように　あなたらしく輝いてね」。この歌を聴いたとき、自分の置かれている状況に照らし合わせて涙が溢れ出た。夢を諦めてしまった今の私にとって、こんなに残酷な歌詞はなかった。以来、この曲は大嫌いになった。

翻弄された数々の言葉

師弟関係というのは、弟子がその師匠に惚れて師事するのであり、弟子側の一方的な片想いからスタートする（なかには、自分が噺家になるための手段として「取りあえず誰でも良いから弟子になっておこう……」という者もいるようだが）。何れにしても落語界においては、どれほど有能な人間であったとしても、プロ野球のドラフトや相撲界のようにスカウトされることはない。

弟子と師匠というのは絶対的な関係で、取り分け前座という修業期間は厳しいものである。それを覚悟のうえで入門したのであり、いたずらに褒めてもらいたいなどとは思ってもいなかった。薄っぺらな言葉で褒められるぐらいなら、辛いけれど欠点を厳しく叱責してもらったほうが遥かに納得がいく。そうは思っていたが「お前の存在自体が暴力だ」という言葉は、厳しさの限界を超えていた。噺家はマクラで「われわれの世界は、前座・二ツ目・真打という身分制度がありまして、前座というのは虫けら以下の存在なんです」ということをよく言うが、その一方で「一寸の虫にも五分の魂」という思いも駆け出しの前座にはある。そのプライドをズタズタにされた末に言われた「暴力」という言葉は、自分のすべてを否定される一言だった。こっちの言っていることが身勝手なのは認めるが、もとはといえば一切の逃げ道を遮断して崖から突き落としたことが原因ではなかったのか。あの一言を言われた時点で、私には噺家を辞める以外の選択肢は残っていなかった。

噺家を続けることを断念した時、人伝てに私のことを気の毒に思ったある師匠から「俺のところに来れば弟子として取ってやっても良い」と言ってくれているという話を聞いた。大変に有り難いことだったが、当時の私には小三治以外の弟子になることは考えられなかった。

噺家を諦めて、それまでお世話になった礼をしっかりしたはずなのに「あいつは挨拶にも来ない」と言われ、すぐに名前を返しに行くと今度は、「辞めろと言った訳じゃない。辞めたらどうですか？と言ったんだ」と未練たっぷりなことを言い出して、こっちの心を混乱させる。やがて一連の言動が、噺家を辞めさせるためではなく、私を期待しているからこその愛の鞭だったことを知り、再度入門を志願に行くと「お前はオレの立場を分かっていない」と言って、また突き放す。小三治自身は、その都度自分の本心を言ってきたのだろうが、これらの言葉で私の心は翻弄され続けた。

今にしてみると「小多け」という名前は、私のなかにあった噺家としての素質を見出して期待したからこそ命名したのだろう。それは同時に、この名前をもらった以上、柳家小三治の後継者として中途半端な噺家になることは許されない大きな責任を背負うことでもあったのだ。小三治が真打に昇進したとき、「名前なんか他と区別するためだけの記号だ」と言ったのは、あくまでも世間に対するポーズであって、実際には「小多け」という名前には人一倍強い思い入れがあったはずだ。自分の一生を託した師匠小さんに初めて付けてもらった名前なのだ。愛着がなかろうはずがない。

小三治にはそれまでにも、その芸に憧れ多くの若者が入門を志願していた。私が入門する以前にも辞めていった者も含め、十四～五人の弟子がいたようだが、その誰にも「小多け」の名を許した者はいなかった。小三治は弟子入りした者の多くに、小ごと・小ぶちゃ・小たつ・小りた・小より・小はぜ・つむ治・九治というように、駄ジャレを絡めた前座名をつけている。そのなかにあって「小多け」というのは自分の前座名であり、弟子にとっては憧れの出世名になる。それを与えたということは、私自身がそれだけ期待を掛けられていたことに他ならない。

九州から帰って来た九治の口から出た「師匠が『オレは自分の弟子のなかでは、小八とお前に期待してるんだ』って言うんだよ」という言葉があのタイミングで出たというのも、今にして思えば本来一番期待を掛けていた私が辞めてしまい、失意のなかから絞り出た言葉のように感じる。「勝手に買い被るなよ」と思う人もあるかもしれないが、そう思わなければあのときの小三治の一連の言動には矛盾があり過ぎる。

メンツに負けた

私が小三治に対して一番ショックだったのは、最終的にはひとりの若者の人生よりも自分のプライドを取ったことにある。

確かに廃業届を出したことを反故にするというのは、自分のメンツを潰すことになるだろうが、もとはといえば私が噺家の道を断念したのも、小三治自身が追い詰めた末のことだった。辞めさせることが本意でなかったのなら、もう一度噺家としての序列を一番下からやり直させるぐらいの措置を取ることもできたはずだ。私を戻すことによって、一時的にプライドが傷つくことはあったとしても、落語界にとって「柳家小三治」という看板は、その芸を以ってすればこれから先いくらでも汚名返上のチャンスはあったはずだ。

それなのに最後の最後には、自分のメンツを取って私を見殺しにしたのである。こうして実の親以上に信奉していた人物から受けた仕打ちは、やがて日を追うごとに私のなかで大きな不信感になっていった。

咄嗟に素通りしていた

そんな思いに浸っていた頃、西武新宿線高田馬場駅のホームで久しぶりにかつての兄弟子だった小八を見掛けた。懐かしくなって近くまで行った瞬間、その隣りに小三治がいるのに気がついた。すっかり捻くれていた私は、咄嗟に小三治を無視して振り返ることなくホームの先頭に向かっていた。

当然、小三治も私の存在は気付いたはずで、この振る舞いにさぞや激怒したことだろう。小三治にしてみたら本意ではなかったにせよ破門に追い込んでしまった私のその後は、気になっていたはずだ。それなのに挨拶ひとつせず素通りされたということは、後ろ足で砂をかけられたように感じたことだろう。しかし最早、このときの私には「自分のメンツを守ることでオレを見捨てたんだ」という強い思いが根深くあった。

しばらくして、新しく小三治のところに入門してきた弟子に「小多け」という名前をつけられたことを知った。小三治にしてみたら、師匠小さんに最初につけてもらった思い入れのある名前も、このままにしておけばいつまでも礼儀知らずな私のイメージが付きまとうことになると考えたのではないか。新しく来た弟子につけることで、私という無礼者のイメージを払拭したかったのだろう。こうして「小多け」という名前が新しい弟子に付いたことで、私という人間は完全に小三治一門の歴史から抹殺されることになった。向うにしてみたら、噺家を断念した時点で名前は返されたこともあり、また仮に返されなかったとしても、もともと自分が小さんからもらった名前なのだから「小多け」を誰に付けようと、とやかく言われる筋合いはない。

新しい「小多け」とは一面識もないが、私よりもその名前にふさわしい資質をもっていたのだろう。

前座修業を終えて二ツ目に昇進すると「三三」という芸人らしい粋な名前をもらい、今や一門のなかでも将来を期待される存在になったようである。そのこと自体は、慶ばしいことだと思っている。

器の大きさを感じた五代目小さんの言葉

『五人の落語家が語る前座修業』（二〇一〇年、ＮＨＫ出版）のインタビューのなかで、小三治は修業半ばで辞めていった弟子に対して「明日から来なくていい」と言ったら、それっきり本当に来なかった奴もいて、もう一度顔を出したらチャンスもあったのに、ずい分とさっぱりした野郎だと思ったと告白している。この言葉が私に向けて言ったのかはわからないが、少なくとも柳家小三治という人は、人の痛みがわからない人間だということになる。自分の一生を託した人から「明日から来なくたっていいよ」と言われることが、どれほど残酷な言葉であるか。「お前は噺家としての才能がない」。非情な言葉で子獅子を千尋の谷底に突き落とした親獅子は谷底まで降りて行き、瀕死の子獅子に向かって、一度は「三流でも良いというなら置いてやらないこともないが」と言っておきながら、最終的には「お前が弟子でいることが暴力だ」と突き放したのだ。軽い気持ちで「来なくたっていいよ」と言ったのを真に受けて、私のほうから勝手に辞めていったような口ぶりだが、現実には小三治のほうが、有無を言わさず私との師弟関係を拒絶したのだ。

　小三治自身が事あるごとに語るエピソードのひとつに、若き日に師匠小さんから「お前の噺は面白くねえな」と言われ、衝撃を受けた話がある。小さんの前で、当時得意にしていた『長短』を演った後に言われた一言だった。噺家としてそこそこ自信を持っていたのが、その一言で芸人人生を迷うことになったという。それでも、もしもこのとき小さんから「お前が弟子でいるのは暴力だ」と断言されたら、それでもなお再び小さんの前に現れることができただろうか。敬愛している人に地獄行きの宣告をされて、どの面下げてノコノコと出て行けるというのだろうか。「ずいぶんとさっぱりした野郎だ」。血の通っている人間ならこんなことは決して言わないだろう。

明治期に上方から多くの落語を東京に移植した三代目の柳家小さんは、芸が名人だったばかりでなく人情にも厚く、後輩への面倒見の良い人格者だったというエピソードが残っているが、その意志を受け継いだ代々の小さん（四代目、五代目）も、芸だけではなく人格者としても名前を残している。

先年亡くなった五代目小さんを思い出すとき、私には忘れられないエピソードがある。前述したように、新年を迎えたばかりの正月二日は小さんの誕生日ということで、目白の小さん道場では一門の弟子・孫弟子、また一門の傘下に所属する噺家や色物の芸人、それに贔屓のお客を招いて毎年、新年会を兼ねた誕生会が盛大に行われていた。

私が前座修業をしていたある年のこと。宴もたけなわになった頃、ベロベロに酔っ払った川柳川柳が宴の主催者である小さんの前にドッカリと座ると「小さん師匠。師匠の芸は若い頃に比べて落ちましたよね」と言い出したのだ。川柳はもともと六代目三遊亭円生の弟子で三遊亭さん生と名乗っていたが、落語協会分裂騒動で円生に見捨てられた末、小さん一門に入った経緯がある。川柳の酒癖の悪さは仲間内で知らぬ者はなく、酔うと序列の見境がなくなるため、一座のなかには「また始まったよ」と冷笑する者もいたが、「そういうことは言うもんじゃないんだ！」という小さんの一言で座は静まりかえった。

「そんなことは言われなくったって自分が一番解ってるんだ。オレも文楽師匠の晩年の高座を聴いて『若い頃に比べて芸は落ちたなぁ』と思ったことがあったけど、そんなことは口に出して言うもんじゃない！　それが先輩に対する礼儀なんだ」

私が驚いたのは、満座のなかで恥をかかされながら、小さんは川柳に対する怒りよりも噺家としてのあるべき姿を、諄々と諭すように話していたことだった。

普通に考えたら、いくら酔ってるとはいえ、こんなに失礼な振る舞いはない。「ふざけるな、馬鹿野郎！」そう言われて叩き出されても仕方がないくらいの無礼千万なことなのに、相手のためを思って話していることがその場にいる誰もがはっきりと感じていた。（酩酊状態の川柳本人が、酔いが醒めてから覚えているかは疑問だったが）

「この人は、とてつもなくスケールの大きな人だ」

そのとき、私が小さんに対して強く感じた出来事だった。

小三治は、小さんになる資格はない

その小さんの没後、七回忌を経て小さんの息子である三語楼が名乗り出て、六代目の名跡を受け継いだ。芸の力量からすれば、六代目は小三治が継ぐのが順当というのが多くの落語ファンの声であり、表立って口にすることはなくても楽屋の誰もが「いずれは小三治が継ぐんだろう」と思っていたはずだ。事実、東西を通じて現在の落語界を見たとき、芸における第一人者として柳家小三治に異を唱える人は、まずいないだろう。

師匠五代目小さんが言う「その人物の了見になれ」という教えを実践する一方、自らの顔を活かして作る豊かな表情は、まぎれもなく小さんから受け継いだ財産だ。また若き日に薫陶を受け稽古に通った円生から受け継いだ確かなテクニックは、さらに磨きがかけられ、他の追随を許さない独自の境地に達したといっても過言ではないだろう。その他にも文楽や可楽・金馬など、さらに多くの先人たちの芸を活かした末に、小三治独自の世界観を作り上げていった。芸という点だけで鑑みれば、六代目柳家小さんにもっとも相応しい後継者と言えるだろう。

しかし人格者という一点に絞り込めば、「小三治が小さんの名を継ぐのは不適格である」と私は断言する。小三治の周りには、自分の弟子や五代目小さんのなかの一部の弟弟子以外には、ほとんど人が集まって来ない。それは殊の外、芸に厳しいということも影響しているのかもしれないが、それ以前に人間的な魅力に欠けている部分があるように思う。それに対して自分の弟子はもちろん、先輩や後輩も関係なく、他の一門の噺家にも広く愛されたのが古今亭志ん朝だった。

その昔、落語協会で分裂騒動があったとき、三遊亭円生を筆頭に多くの噺家が脱会を決意したのは、それぞれの思惑や私利私欲から行動を起こしたのに対して、志ん朝だけは「落語協会・芸術協会・三遊協会と三派に分かることになれば、十日間ずつ交替で寄席を出演することになる。そうなれば、若手にも高座に上がれるチャンスが多少なりとも増えるはず」。一人でも多くの若手が寄席の高座に上がれると信じ、苦渋の決断から脱会をしたという。

その結果、当時落語協会の副会長だった実兄の十代目金原亭馬生と袂を別つことになったのだから、その胸の内を思うと心が痛くなる。ところが、先に挙げた三派が寄席を十日間ずつ勤めるというシステムは、寄席側の反対を受けて破談することになる。志ん朝は「円生師匠、これでは若手が寄席に出られなくなります。席亭に頭を下げて協会に戻りましょう」と談判するが円生は「今さら、そんなことができますか。そんなことをしたら、あたしのメンツが丸潰れになる！」と言い放ったそうである。

結果として、寄席に出られなくなった志ん朝は自らのプライドを捨てると、席亭や小さん会長に頭を下げて落語協会に戻ることになった。だからこそ、彼の元には多くの後輩が慕ったのだろう。

それだけにこの人の早逝は、ただ単に芸の喪失というだけでなく、近い将来の落語協会会長を期待する後輩たちにとって大きな落胆になったはずだ。小三治が芸に対して非情だったという意味では、円生に通じるところがあるような気がする。後輩たちの将来よりも、自分のメンツに執着した円生の生き方を小三治は倣ったのだろう。多くの噺家にとっては、私が受けた非情な仕打ちの詳細を知らないまでも、その人間性は漠然と感じているような気がする。その芸が一級品であることは誰もが認めるところだが、人間的には好きになれないというのが大方の総意なのではないか。

もっとも小三治のなかでは「噺家は高座に上がれば自分ひとりの世界。いたずらに群れることに意味などない。どんなに仲間に嫌われようと、いい芸を見せればお客は付いてくる」という円生に通じる芸至上主義が厳然とあるのだろう。事実、私は小三治が若手真打の名前を具体的に挙げて「あいつがオレの弟子だったら、あの程度の芸じゃ認めない」と言い放ったことに、衝撃を受けたことがあった。その若手真打は、当時からその技量を誰もが認める持ち主だっただけに「あれだけの人でさえ認めないなんて、この人の芸の基準はどれほど厳しいんだ」と空恐ろしく感じたことがあった。

もっとも落語界に限らず芸能の世界では、人間性を云々するよりもその芸を第一義とする傾向があることは否めない。いくら情に厚い人物であっても、芸が拙ければお客から支持されることは少ないと言える。

その日、新宿末広亭は夜席が始まったばかりだった。

このとき高座には先代林家三平門下の二ツ目が上がっていて、楽屋には昼席のトリを務め終えた小三治の他に、数人の芸人が控えていた。誤解を承知で言うなら、この二ツ目の落語は決して上手いものではなく、それどころかハッキリ言ってしまえば下手の部類に入るだろう。そのことは周りの誰よりも本人が一番自覚しているようだった。概して三平の弟子は、もともと小噺を数多く繰り出し、客席を爆笑させる陽気な芸風に憧れて噺家になった人がほとんどだと思う。

師匠に憧れて入門したものの、いざ弟子になってみると、三平の芸は三平独自のものであり、弟子であっても「あの芸を踏襲するなど無理だ」ということを思い知らされることになる。そのせいか一部を除いて大半の弟子は古典落語を演るようになる。私はこの人のなかに古典落語を演りながら「自分は三平の弟子だから……」という引け目のような思いが読み取れて、その高座からは常にコンプレックスを感じていた。

普段は高座を終えるとすぐに帰ってしまう小三治が、この日ばかりはどうしたものかこの二ツ目の落語をじっと聴いていた。そして高座を終えて降りてきた彼に向かって、今演ったばかりの落語について二言三言アドバイスをしたのだ。芸に厳しい小三治がまさか自分のために助言をしてくれるとは、彼は想像すらしていなかったことだろう。やがてそれだけ告げると、小三治は楽屋を出て行った。

後に残ったこの二ツ目は「すげえ。オレ、小三治師匠からアドバイスしてもらっちゃったよぉ」と感激していた。恐らく、彼にとっては生涯忘れられない出来事になったことだろう。小三治という人は巧拙に関係なく、自分が何か感じたときに若手に対してフランクに助言をすることがたびたびあった。それは若手に対する親切心もあったろうが、そうすることで自分自身の落語観を再確認しているようにも思えた。

そういう意味では、芸に関して常に真摯であり続ける姿勢を持ち続けている人だと思う。それでも拙い芸に対して、否定的な考えを持っていたことだけは確かだった。早口が直せない私に対してそうだったように、鼻濁音ができない者にもことのほか厳しく接した。

「プロであるなら最低限キャッチボールができないなんてことは許されない。個性を云々するのは、そういう当たり前の基礎が普通にできてからの話だ！」

後年、それだけ芸に厳しい小三治が落語協会会長に就任してすぐに、大抜擢で真打昇進を認めた春風亭一之輔は大きな後ろ盾を得ることになった。その結果、彼が噺家としての資質があることは強力なお墨付きを受けたことになり、テレビ・新聞・雑誌など多くのメディアが取り上げることになった。

噺家らしくない噺家

私が噺家を辞めてしばらくしてから、小三治夫人である郡山和世が『噺家かみさん繁昌記』を上梓すると、少なからず楽屋雀のあいだでも話題になったようだ。芸界の内幕を描いた本は過去に何冊も出ていたが、その多くは噺家自身が書いたもので、噺家のお内儀さん側からの書かれたものはなかった。美大生だった女性が、ひょんなことから若手の噺家と知り合ってやがて結婚するが、新婚直後からひっきりなしに弟子入り志願が現れ、日々当惑するエピソードの数々が書かれた騒動記は、多くの読者から好評を得たようで、数年後には文庫化され、さらにはテレビドラマとして放送されるまでに至った。

恥ずかしながら、私もこの本のなかでお内儀さんの手を焼かせた一人として登場しているが、当事者の一人から見てもこの本が面白いのは弟子たちのしくじりエピソードを紹介する一方で、お内儀さん自身が若き日の恥ずかしいエピソードの数々を包み隠さず披露している点にある。

一例を挙げると、新婚当時、流行りのミニスカートを履きたいのだが、若い弟子に変に刺激を与えたくないと考えたお内儀さんは、姿見の前で「どの程度まで屈んだら、下着が見えないか……」と調べていたところ、それを当の弟子に見られていたというのがある。それ以外にも小三治夫人としての体面を考えたら、秘密にしておきたいようなことを惜しげもなくオープンにしている。私に限らず、弟子たちが若き日の自分の失敗談を暴露されても、この本を面白いと思うのは変にカッコつけずにお内儀さん自身が自分をさらけ出している点にある。ある意味で体面を重んじる小三治とは対照的であり、この点ではお内儀さんのほうがはるかに噺家らしいといえる。

お内儀さん自身が、自分や弟子の恥ずかしいエピソードを洗いざらい告白した本は、当然のことながら小三治自身の他人様には知られたくないエピソードも書かれているが、それを笑い飛ばすのが噺家の了見なのだ。私が不可解に感じたのは、この本が出たとき小三治は一切無視したことにある。

本が出版されたちょうどその頃、文化放送で土曜日の午前中に伊東四朗がやっていたラジオ番組に、小三治がゲスト出演したことがあった。伊東にしてみたら発売されればかりで話題になっていたお内儀さんの本について、亭主である小三治の口からその感想を訊きたいというのは至極当然のことであり、それはこの本を読んだ落語ファンも同じ思いだったはずだ。

ところが小三治はラジオに登場するやいなや、機先を制するように「いやぁ、噺家というのは堅気の人と違って夜型人間だから、こんなに朝早くから仕事することがないんだよね！」とはしゃぐように第一声を言い放った。私には小三治自身がこのコーナーの主導権を握ってお内儀さんの本を話題にさせないまま、無難に終わらせたいと思っているんだろうと感じた。それが証拠に「朝早くから」と言った割には、不自然なまでにハイテンションだった。

それでも伊東から「お内儀さんが書かれた本、私も読ませてもらいました」と矛先を向けられると、一旦ははぐらかそうと試みるのだが、再び伊東からそのことを訊かれると、これ以上誤魔化すのは無理と感じたようで急に低いテンションになって「私は一切読んでいませんから感想もありません」と答えるのみだった。それまでのハイテンションから一転無愛想な対応になり、ラジオからは白けた空気が流れていた。

その後もいくつかのマスコミからこの本の感想を求められることになるが、小三治本人は「一切読んでいないから感想はない」という姿勢を押し通した。

メンツに執着する小三治らしい一面が現れたエピソードではある。

自分にはできない『やかんなめ』の主従関係

小三治の持ちネタに『やかんなめ』という噺がある。大阪では『癪の合薬』という題で、先代の桂小文治が演ったテープがわずかに残されてはいたが、東京では長いあいだ演り手のない絶滅危惧種のような噺だった。

小三治がその噺を手掛けるきっかけになったのは、NHKが企画した番組で「埋もれた噺を復活する」という依頼を受けてのことだった。明治・大正期に出された古い速記本のなかからこの噺を選ぶと、それまで埋もれていたのが嘘のように見事なまでに甦らせた。小三治が凄いのは、単に誰も手掛けなくなった噺を復活させたというだけでなく、この噺に出てくる二組の主従関係を新たな解釈で掘り下げて演じたことで、登場人物たちを魅力的に再構築した点にある。

ネタおろしのとき、アナウンサーのインタビューに答えた小三治は「この噺を演ろうと思ったのは、やかん頭の侍と家来の関係が、私の師匠小さんと弟子の馬風との普段の会話に似ていて、それが面白いと思ったからなんですよ。本来、師匠と弟子というのは絶対的なものですが、小さんと馬風のあいだにはそれだけでない親子のような……というよりも、実の親子以上の信頼関係があって、甘える子どもを親が大きな器で許すような部分があるんです。それが私には羨ましかったし『やかんなめ』という噺を通して、そういう関係性を表現できたら良いなぁ……という思いがありました」

三十年以上も昔のことなので朧げな記憶ではあるが、小三治はこのようなことを言っていた。確かに小さんと鈴々舎馬風の関係は親子以上だった。

私が前座として新宿末広亭で働いていたある日のこと。高座では馬風が得意の物真似で何人かの噺家を演じて、お客に受けていた。

「次はオレの師匠の小さんを演るよ」と言って一旦楽屋に引っ込むと、小さんの出囃子「序の舞」に合わせて、小さん独特のうつむき加減で高座に現れ、座布団に座った。小さくお辞儀をすると「酒百態と申しまして、酒飲みにもいろいろ癖のあるものでございます」と十八番である『親子酒』の冒頭の一言を振って、客席から大きな拍手をもらった。

このとき当の小さんは、高座に上がる扉の前でホウキを持って構えていた。そして「まあ、こんな小さんも歳だから、あとどれぐらい生きられるか解ったもんじゃないよ」という馬風の悪態を合図に、突然楽屋から飛び出すと、持っていたホウキで馬風をぶっ叩いてすぐに楽屋に引っ込んだ。馬風はオーバーに驚いて「これ以上演ったら破門になっちまうから、今日はこれでおしまい！」場内が大爆笑のうちに馬風が高座を降りると、入れ替わりに小さんが現れた。

今、馬風が物真似をしたそのままに、うつむき加減で高座に現れて、座布団に座ると小さくお辞儀をして「酒百態と申しまして、酒飲みにもいろいろ癖のあるものでございます」何ごともなかったように、そのまま『親子酒』を語り出したのである。お客も大喜びだったが楽屋も大受けだった。

悪戯を仕掛けた馬風本人も、その仕掛けに乗っかってくれた師匠小さんがよほど嬉しかったのだろう。子供のような満面の笑みを浮かべていた。小さんと馬風の親子以上の仲の良さは、楽屋の誰もが認める事実だった。

そんな二人を意識した小三治の『やかんなめ』は、ネタおろし当初から評判が良く、さらに磨きを掛けて十八番の一席になったといっても良いだろう。その後、弟子の喜多八や燕路にも伝わっただけでなく、他の一門の若手のなかにもこの噺を手掛ける者も出てきたようだ。仮に小三治以前に、並みの噺家が昔の速記本を許にして『やかんなめ』を復活させたとして、多くの後輩たちから「珍しい噺だなぁ」と思われることがあっても、「自分もその噺を演ってみたい」というまでには至らなかっただろう。掘り起こした噺家が亡くなってしまうと同時に、『やかんなめ』という噺も再び埋もれてしまったに違いない。

この噺を、ここまで魅力的にしたのは間違いなく小三治の功績である。ただし、小三治が憧れたこの噺のテーマである小さんと馬風のような師弟関係は、小さんと小三治のあいだでは成立しなかったし、また自分の弟子とのあいだにも成り立たなかった。小三治自身も時折、恐れから必要以上に距離を置く弟子に対して、明らかに不快な表情を見せることもあったが、当の小三治自身が小さんに対して、畏敬の念を強く抱いていたことは否定できないだろう。

この辺りのことは、教育者である両親に厳しく育てられたことで、親代わりになる師匠に対しても甘えることへのトラウマがあったのかもしれない。

『五代目小さん芸語録』（二〇一二年、中央公論新社）は、前座時代内弟子修業をした柳家小里んが、小さんの持ちネタについて小さん自身から聞いた芸談をまとめた本である。前座の修業には、「内弟子」と「通い」の二つがあり、内弟子は師匠の家に住み込んで常に気が抜けない修業の日々が続くことになる。そういう点では、弟子だけでなく師匠及びその家族も負担を強いられることになり、どちらにとっても厳しい修業形態であることに違いない。ただし、常に密接していられるということは、弟子にとってその師匠の生活を通じて芸に対する考え方を、より強く体感することができるというメリットがあり、その点で通いの弟子とは比較にならないだろう。

そういう条件の下、前座を過ごした小里んは、修業が明けた二ツ目以降も小さんの身近にいる機会が多く、師匠が何気なく口にした芸談を聞くチャンスも多かったようだ。そして時には小里ん自身が噺のなかで疑問が生まれると、比較的躊躇うことなく小さんに訊くことができたという。

それら具体的なアドバイスの数々をまとめた一冊なだけに、この本には五代目柳家小さんの珠玉の芸談が詰まっていて、小さん門下の噺家はもちろんのこと、他の一門の噺家たちにとっても教則本に成り得るほどの名著といえるだろう。

この本の巻末には小三治による「我が師五代目小さんの落語」という一文が寄せられている。通い修業だった小三治には、小里んに対して「いくら身近にいたとはいえ、ここまで踏み込んで芸談を聞けたことを、羨ましさと同時に、妬ましさも感じる」と心情を吐露している。

とはいえ、私には仮に小三治が内弟子の修業をしたとしても、小里んほどの密接な師弟関係は築けなかった気がする。それは前述したように、厳しい教育者の両親に育てられた少年時代の思い出と、若き日に小さんの前で演じた『長短』を「面白くない」と否定されたトラウマが尾を引いて、小三治のなかに影を落としていたと感じられるからである。

アマチュア時代からラジオの素人寄席で、高校生ながらチャンピオンになった郡山剛蔵少年は、既に商売人はだしのテクニックを持っていたらしい。これは推測だが、小さんに入門してからもそのテクニックを駆使して、早い時期からお客に受けていたのではないか。本人は自信満々で演った『長短』

も、小さんの目には技巧を見せつけて満足しているだけの鼻持ちならない出来だった気がする。若き日には誰でも有りがちな自惚れも、小さんの「おまえの噺は面白くない」の一言で天狗の鼻をへし折られることになる。

しかしそのことが、現在の小三治の芸の土台を作ったとも言えるだろう。小里んのように、ひとつひとつの噺に対する芸談を訊けなかった代わりに、小三治は「どうすれば面白い落語が演れるのか?」という大命題を、苦しみぬいた挙句に自ら掴み取ったのである。

もともと芸人らしからぬ真面目な性格だけに「面白いっていうのはどういうことなんだろう?」その当座は、四六時中考えたことだっただろう。仲間うちで「面白い」と噂になった映画や芝居があったら、すぐに見に行っただろうし、やはり「面白い」と評判になっていた小説があったら、貪るようにして読んだのではないか。それでも納得する答えは得られず、苦悩する日々が続いたことだろう。

そんななかで聞いた「落語というのは、もともと面白く出来ているんだから、無理に面白くしようとしないことだ」という古今亭志ん生の言葉は、その当時「面白いというのは何なんだ?」と懸命に模索していた小三治だからこそ、心に突き刺さったのだろう。そういう生き方をしてきたからこそ自分の人生に悔いなどないだろうが、一方で実の親子以上な関係を築いた小里んに対して羨望と嫉妬の気持ちを持ったのも無理からぬことだといえる。

いずれにしても小三治が『やかんなめ』を成功したのは、自分にはできない憧れから来る無いものねだりがあったのだろう。もっとも芸という絆で結ばれた師弟において、世間一般の親子のような親しみなど必要ないともいえるのだが。

急の章

小三治と弟子の関係（1）

五代目柳家小さんの人間性については、先にも正月の宴で酔態を演じた川柳川柳を諌めた件でも述べたが、器の大きな人物であったことは誰もが認めるところである。その器の大きさに上手に甘えたのが馬風であり、先年亡くなった五代目立川談志なのだろう。小さんと談志の関係性は馬風以上のもので、談志は入門当初から事あるごとに騒動を繰り返し、その都度小さんと衝突したという。生前談志は「理屈では俺の言うことのほうが間違ってない」と言う一方で、「小さん以外の弟子になっていたら、とっくの昔に落語家をクビになっていただろう」とも言っている。

談志が落語協会を脱会し立川流を創設した後も、何かにつけて小さんは気に掛けていたという。こうした師弟関係を羨ましいと思いながらも小三治自身それをできなかったのは、甘えることを許さなかった厳格な教育者であった父母の元に育てられたという、幼少期のトラウマに起因しているように思われる。そしてそのことは、自分の弟子に対しても同様であった。

思い起こせば、前座修業を共にしたつむ治・九治・小のり・三瓜と私は、毎日小三治の顔色に怯えてビクビクしていたような気がする。弟子たちは毎朝顔を合わすと、その第一声は決まっていた。前日小三治と一緒だった者に「きのう師匠は機嫌良かった？」そう確認するのが日課になっていた。

芸に厳しい小三治が修業中の前座に対して、ことさら厳しく接するのは当然としても、弟子が二ツ目・真打になってからもその関係性はあまり変わらなかった。もちろん修業が明けたとはいえ、師匠は師匠弟子は弟子という関係に変わりはなく、いくつになっても師匠というのは恐い存在ではあるのだが、小三治の弟子にはひと際その思いが強くあるように思う。

これは弟子たちが前座時代の厳しい修業がトラウマになっていることもあるが、事あるごとに芸にダメ出しをする気難しい小三治に対して、常に恐れを抱き続けている点もあるような気がする。さらに天才肌の師匠に対して凡庸な弟子には、その芸と同じように小三治の深淵な思いは理解できないのかもしれない。

落語を演れば類い稀な表現力と、登場人物に対する洞察力、古典といわれる噺を新たに構築する創作力。弟子たちが束になっても敵わない大きな存在は、時としてその思慮深さが理解の範疇を超えることがあった。

当時、弟子のひとりが大きなしくじりをして小三治から破門を言い渡されると、弟子一同が集まって対策を練ることがよくあった。頭を寄せ集めて謝罪の仕方を考えて許しを乞うのだが、弟子たちが一番ベストだと選んだお詫びが、まったく通じないことがよくあった。小三治にしてみたら「そんな上辺だけの謝罪じゃ、オレは許さねぇ」ということだったのかもしれない。弟子にしてみたら、決して上辺だけの謝罪をしているつもりなどないのだが「本当に自分が悪かったと思うなら、そんな謝り方じゃ済まねぇだろう」ということになるらしい。

生前の立川談志は弟子がしくじると、現金や高価な牛肉を要求したそうだが、経済的には厳しくても、ある意味でそっちのほうが解りやすい分だけ、精神的には楽だろう。前に前座の修業は気働きを養うと書いたが、小三治にしてみたら「オレが何に対してどれだけ怒っているのかを解ったら、自ずから謝罪の仕方も解るはずだ」ということなのかもしれない。そんなことは、おぼろげながら今になってようやく思い至ることで、厳しい修業真っ只中では、理解できないというのが実情だった。

人は経験や実績を積み重ね、さらに時間が経つことで、ようやくその本質が解ることがある。最近になって、小三治の弟子にも入門を志願する者がぽつぽつ出てきたようだが、小三治は「弟子を取れ」と言っているという。弟子を取るということは、落語界への恩返しにもなるというだけでなく、弟子を持つことで初めて師匠の苦労が理解できるようになる。「子を持って知る親の恩」ということを実感させたいという思いもあるのだろう。

その意味では、前座の時点で噺家を辞めた私には「親の恩」は永遠にわからない。

小三治と弟子の関係（2）

芸に厳しい部分は部分としても、それが仕事を離れた遊びの部分にも現れていた。

多趣味な小三治は、ゴルフやスキーに弟子を連れていったが、そういう遊びの場でも常に真剣で、弟子が打ち解けることは少なかったようだ。

筆頭弟子の〆治が、小三治に誘われてゴルフをしたときのエピソードがある。ゴルフを始めたばかりの〆治に対して、小三治はそのフォームを事細かにダメ出ししたという。本業の落語では、手取り足取り具体的なアドバイスなどほとんどしない小三治が、ゴルフに関してはまるで箸の上げ下ろしのごとくチェックを入れたそうで、初めのうちこそ素直に聞いていた〆治も、あまりにも細かい指導についには「遊びでやってるんですから好きにやらせてください！」と言ったそうである。

ある年の正月の出来事。その日、初席の昼席を終えた私は、小三治と兄弟子の九治と共に、高田馬場の小三治宅に戻っていた。そこにはおせち料理を囲んで、お内儀さんと小三治の次女、それに二ツ目のはん治がいた。

次女は、はん治から聞いたばかりの「ぼったくりバーの話が面白かったから、お父さんたちにもう一度話してあげてよ」というリクエストをした。

はん治は戸惑いながら、小三治の前で再び話すことになった。酒に酔ったはん治が歌舞伎町の呼び込みに誘われて軽い気持ちでバーに入ったものの、いざお会計となったとき桁違いの額を請求されたという。当然そんな大金は持ち合わせがなく、ひたすら謝って終いにはポロポロ泣きながら値切ってもらうという話なのだが、はん治の純朴そうな風貌があまりにも都会に出てきたばかりの地方人のようで、ぼったくりバーの店主も最後には気の毒に感じて大幅に値切ってくれたという内容だった。

私と九治は、初めて聞くはん治の人柄がにじみ出たそのエピソードに大笑いしたが、次女からは「さっき話してくれたほうがのびのびとしていて、ずっと面白かった。はん治さんは、お父さんが前にいると緊張しちゃってちっとも面白くないね」と言ってガッカリしていた。はん治もまた、人一倍小三治に憧れて弟子入りしただけに、師匠の前に出ると極度に緊張してしまうところがあった。正月早々から小言を言いたくなかったのか、このとき小三治は何も言わなかったが、はん治の落ち込みようは尋常ではなかった。

ことほど左様に小三治と弟子の関係というのは、常に緊張感があった。自分の弟子ですらこうなのだから、他の一門の弟子が積極的に小三治に接しようとすることは、まず考えられなかった。そういう意味では一門の区別なく人望があり、常に若手が集まった古今亭志ん朝とは対極だった。

志ん生の『寝床』そっくり

噺家をクビになり、時間がたっぷりある私はその後もいろいろなことを考えた。

小三治の弟子のなかには、地方出身で鼻濁音ができない者がいた。入門当初からそのことを小三治に厳しく指摘され続けたものの、この欠点を克服できないまま、彼は前座修業を続けていた。

そんな彼にも入門から数年後、協会事務局から「今秋、二ツ目昇進が決まりました」との報告があった。長い修業から解放されることに喜んだ彼だったが、小三治の「鼻濁音ができないうちは、オレは二ツ目にさせない！」という思わぬ一言で、天国から地獄に突き落とされてしまった。それでも彼自身がこの言葉を受けて、難題だった鼻濁音を克服しようとした形跡は見られなかった。ただただ落ち込むだけで、二ツ目になるための手拭いや紋付きを作ることもできず、彼の周りにはお通夜のような時間が過ぎて行った。

何もできないことを見かねたお内儀さんが「ちょっと、何とかしてやれないの？」とあいだに入ったことで小三治も不承不承ではあるが、二ツ目になることを認めることになったのである。

そうなのだ。なまじ「自分で何とかしよう！」なんて考えるほうが馬鹿だったのだ。私も「何とかしようと努力すれば早口を直せる」と思い込まなければ良かったのだ。事実、鼻濁音ができないその弟子は「師匠はああ言うけど、そんなに簡単に直せるぐらいなら苦労はないよ」と陰では言っていた。私は内心「できないことをできるのがプロだろう」と思っていた。それぐらい当時の私にとって、小三治の言うことは絶対的なものだった。


五代目小さんの演る『強情灸』のマクラに、強情者の小噺がある。部屋の隅にある黒いモノを見つけた男が「あの黒いの、何だろうね？」と問うと、訊かれた男は「あれか。あれは黒豆だろう」と答える。

「そうかい。虫じゃねえか？」

「いやぁ、黒豆だよ」

「そうかねぇ、何だか虫みたいだけどなぁ。あーっ、ほら動いたよ。やっぱり虫だよ」

「動いたって黒豆だ！」

という小噺があるが、私にとって小三治の言葉はまさにそれだった。極端な話、小三治が動いてる虫を「黒豆だ！」と言ったら「そうだよな。黒豆のなかには動くのもあるだろうな」と信じて疑わなかった。


いつしか私は、五代目古今亭志ん生が演る『寝床』を思い出していた。あの噺に出てくる旦那の義太夫は、頭を低くしてじっと我慢をしていれば時間が来て何とかなったのである。愚直な一番番頭は、旦那と一対一になって義太夫と対峙したものの、ついには辛抱できなくなって蔵に逃げ込むことになる。一旦語り出した旦那は容赦なく、見台を掴んだまま蔵の周りをグルグルグルグル歩きまわり、梯子を掛けると、蔵の窓から義太夫を流し込んで、とうとう最後には、一番番頭はドイツに逃げてしまうことになる。

自分の欠点を何とか克服しようとした私は、小三治と対峙して克服することを選択したが、そのことが噺家としての人生を断たれることになる。これは何とかしようと、旦那と対峙した一番番頭そのものではないか。濁音を直そうとせずに頭を低くしたままだった兄弟子は、時が経ってめでたく二ツ目になれたのだ。

「人間、努力したって無駄なもの」

これが私にとって、その後の人生の座右の銘になり、それ以来噺家を辞めた私は数え切れないほど様々な仕事に就いたが、ひとつもモノにならなかった。もちろん新しく仕事に就いた当初から、辞めることを考えていた訳ではない。仕事の壁にぶち当たれば、それなりに努力して克服しようとした。いくつかの営業職に就いたときも、売り上げが伸びなければ「何とかならないか」と考えてあれこれと試行錯誤して新しいやり方に挑戦したが、それでも満足な結果を出せないと、最後には「別に、もともとやりたくて始めた仕事ではないし……」と、アッサリ投げ出してしまった。万事において堪え性がなくなっていた。

好きで続けたかった噺家という道を無理矢理断たれたという思いと、信奉していた人に裏切られたという思いが、他の仕事に執着する気持ちをなくしていた。「世の中というのは、努力したところで報われない」と考えるようになっていた。

噺家を断念したとき、一番弟子の〆治に訊かれた「これから先、どうするつもり?」という問いに「一番やりたかったものを諦めたんだから、これからは何でも良いです」と言ったのは、結局のところ「何でも良い」というのは「何にも嫌だ」ということに気付くことになる。

「芸人は、三日やったら辞められない」とはよく聞く言葉だが、私には「こんな魅力的な仕事、他にはない」というよりも、その魅力に引き込まれてしまった結果、麻薬のように身体を蝕む中毒症状になるほどの末期患者になっていた。

同族嫌悪

小三治の目から見て、私という人間はどのように映っていたのだろうか?

当時、浅草の楽屋で働く前座の私を見た柳家小さんは「あいつは若い頃の小三治に似てるな」と言っていたと、前座仲間から聞いたことがあった。憧れの果てに弟子入りした人に、その師匠である小さんから「似ている」と言われたことは、一見すると嬉しいことのように感じるが、高座ではなく楽屋での立ち居振る舞いというところに、素直に喜べなかった。前座時代の小三治は性格的には決して明るいほうではなく、むしろ陰気だったという。というよりも、今現在も本質的には陰気な人である。

小三治自身、噺家にはなったものの陰気な性格については、常にコンプレックスに感じている人だった。それは入門した当初、小さんのお内儀さんから「お前はどうして笑わないんだい?」と言われ、家に帰ってから一人、鏡に向かって笑顔の稽古をしたというエピソードが如実に物語っている。

『快人噺家十五面相』（境田昭造、一九八四年、新潮社）には小三治の前座時代を描写した記述があり、楽屋の隅で青白い顔をして正座している姿を見た古今亭志ん生がギョッとして「牢名主」とあだ名をつけたという。確かに私自身、青白い顔をしていたかどうかは分からないが、前座で働いていたときは、楽屋の空気に呑まれて知らず知らずのうちに陰気な顔をしていた。もしかしたら小三治も、そういう私を見て、若き日の自分と重ね合わせていたのかもしれない。

小三治自身が陰気な自分を完全に克服していたのなら、楽屋の私を見ても「未熟故に、仕方ないか」と黙認してくれたかもしれないが、今も自分のなかに陰気な部分を内包して、そのことにコンプレックスを感じているだけに、目の前に現れたネクラな弟子が許せなかったのではないか。噺家にとって弟子というのは厄介な存在で、自分を慕って入門してきた者の多くが、長所よりも短所のほうが似てしまう傾向があるらしい。

そんななか、弟子のなかでは小のりが明るい性格に見えたようで、その部分では割合と小三治に気に入られていたような気がする。本質的には小のりも決して明るい性格だったわけではないのだろうが、小三治の前でも委縮することなく、比較的普通にしていられたことが良かったような気がする。

私を含め大半の弟子は、入門のときは思いつめた表情になり、同様に付いて来た親も噺家という先行きの分からない道を選んだ我が子を不安に思い、口数も少なくなる。ところが小のりの場合、弟子入りする際に同行した母親は、我が子のことを話すとき、まるで落語をするかのように上下《かみしも》を切って話したという。

興に乗って話をする母親に対して「ババア、うるせえんだよ！」と答える息子。その姿に小三治は笑いながら「お子さんよりもお母さんの方が噺家に向いているんじゃありませんか」と言わしめたそうだ。そういう母親に育てられたことから、最初の印象から小のりを陽気な性格と思ったのかもしれない。

人は自分と真逆の性格の人間のほうが、仲良くできるもので、『長短』に出てくる二人は、気の短いほうが気の長いほうを怒鳴りつけて噺は終わるが、この噺を聴いたお客は「二〜三日したら何事もなかったように友達付き合いをするだろう」と思うはずだ。

対して性格が似ているというのは、合わせ鏡のように自分の嫌な部分も見えてしまうことから、我慢できないことになる。「類は友を呼ぶ」ではないが、その芸に憧れて弟子になったということは、もともと考え方や性格も似ていたんだろう。ただしそのことが、小三治にとっては愛しいというよりも欠点ばかりが目について、一種の同族嫌悪のような感情を抱いたのかもしれない。

私の場合、その短所を直そうとした結果、却って小三治を刺激してしまったような気がする。

小のりの勉強会

噺家への道は断念したものの、しばらくは落語そのものと縁を切ることはできなかった。ほどなくして兄弟子だった小のりが二ツ目に昇進し、四谷倶楽部という小さな貸席で勉強会を始めることになったのだが、自分の前に高座に上がる前座がいなかった。

当時、私だけでなく様々な理由から何人もの前座が立て続けに辞めていて、この時期の落語協会は前座不足に陥っていた。寄席の場合、どんなに人数が少なくても番組の時間調整をしたりネタ帳を書く立前座と、楽屋の雑用全般をこなす高座返しの二人だけは、絶対に確保しなければならない。

実際、当時小のりから聞いた話では、新宿末広亭や池袋演芸場などの楽屋が狭い寄席では、立前座が太鼓番を兼任したが、鈴本のような広い楽屋では立前座の手が回らず、手の空いている二ツ目が、終演まで楽屋に残って下座を担当していた時期があったそうだ。また、寄席以外の落語会にも前座は必要になるのだが、ここでも前座の数が足りずに、二ツ目が「高座返し」を務めることも珍しくなかったらしい。ついには、落語協会は理事会で「若手真打以下は自分の会に前座を使わないこと」という決定を出すに至った。

そんな理由から、二ツ目になりたての小のりが勉強会をやるにも前座が使えない。そこで思いついたのが私だったのである。

「今度、勉強会を始めるんだけど、兄《あん》ちゃんさぁ、シャレで前座やってくれない？　別にオレの着物なんか畳まなくていいし、お茶も出す必要もないし、高座に上がって一席しゃべってくれるだけで良いんだけど」

この時点で、噺家への未練を捨て切れていなかった私には「シャレで……」という小のりの言葉が嬉しくて、二つ返事で引き受けさせてもらった。四谷倶楽部の高座に上がった私は、かつて覚えた『道灌』や『堀の内』『たらちね』といったネタを数回にわたって演らせてもらった。

九治にリクエスト

その後、小のりの勉強会は二ツ目に昇進したばかりの扇好（前座名・扇ぱい、入船亭扇橋門下）との二人会になり、さらに小のりの兄弟子の九治を加えた三人会に発展するようになる。その頃になると落語協会にも、ある程度の前座が増えて、二ツ目の噺家も前座を使えるようになっていた。私が高座に上がることもなくなったが、相変わらず楽屋へ遊びに行っていた。

九治と小のりとは、小三治の元で文字通り同じ釜の飯を食った兄弟のような存在だし、扇好は同じ年に落語協会の前座に登録された同期ということもあり、私にとってこの勉強会に顔を出すのは特別の思いがあった。

あるとき、私は九治にこの会で『花見小僧』を演るようにリクエストした。本来、身分の下の者が先輩に対してネタを注文するというのは失礼なことなのだが、九治とは同時期に前座修業をしたという親近感や、自分は既に廃業しているという立場から気軽に頼むことができた。

『花見小僧』は『おせつ徳三郎』の前半に当たり、年頃の娘を気遣うお店の主人と小僧のやり取りが面白く、私は九治のキャラクターに合うと思っていた。九治は私の無茶な頼みを受けてくれ、翌月の勉強会で『花見小僧』をネタおろししてくれた。それは、私の想像していた以上に楽しい一席に仕上がっていて、その日のお客にも受けていた。

高座を降りてきた九治に「兄さん、すごく良かったですよ。持ちネタになりますよ」と言うと、九治は嬉しそうに「そうかい？」と答えた。

「だけど、タイトルに〈花見〉がついてるせいか、この噺を演る人はみんな春先しか演らないでしょう。去年のお花見のときのことを訊いてるだけなんだから、そんなに季節に捉われなくてもいいと思うんですよね。せっかく面白い噺なのに何だかもったいないじゃないですか。いっそのこと、夏場は設定を大川（隅田川）の花火見物にして演っていいような気がするなあ。そのときはタイトルを『花火小僧』にすれば良いんですよ」と言うと九治は「上手いねぇ」と言って喜んでくれた。

勉強会というのは、二ツ目になった噺家がネタを増やすためにおこなうもので、三人は前座の頃と違って次々に大ネタを掛けていった。私は彼らの高座を楽屋のスピーカーから聴きながら楽しませてもらう一方で羨ましくも感じていた。

バイト先で見つけた一枚のチラシ

噺家への道が閉ざされた私は、その後の目的を見つけられず、半年ほどブラブラしていたが大した蓄えもないことからアルバイトをすることになった。最初に就いたのは、葬儀屋の派遣業という仕事だった。これは都内や近県の葬儀社に仕事が入ると、人手の足りない分だけアルバイトを送るという、人材派遣会社に登録したものだった。

ちょうどその頃、図書館で読んだ本に、作家デビューして間もない猪瀬直樹の『死を見つめる仕事』というのがあったことや、数年前に伊丹十三が撮った『お葬式』という映画の影響から、少なからず「死」というものに関心を持っていたことから、このバイトに就くことにした。

しかし今にして思うと、何よりも噺家という夢を失ったことで、自分の人生に絶望していたことが無意識のうちに死を扱う仕事に向いていたような気がする。登録している会社から電話で仕事をもらい、翌日は現地集合して仕事が終われば現地解散して直帰すると仕事のスタイルは、毎回様々な現場に出向くことになった。人生最後のセレモニーには、遺された遺族にとって、それぞれ異なるエピソードがあり、時として葬儀の手伝いをしながら、その一片が垣間見えることがあった。

落語のなかには、『死神』『付き馬』『らくだ』『くやみ』『粗忽長屋』など死を扱ったものが少なくなく、葬儀の現場で体験したこれらのエピソードの数々は落語のマクラに活かせる気がした。噺家の道が閉ざされてなお、そんなことを考えていたんだから、おめでたいとしか言いようがないのだが。

葬儀社のアルバイトはおよそ一年ほど続けたが、そのうちに厳粛なはずの死が日常化していることに気付くと、それに麻痺している自分が急に怖くなって辞めることにした。その後もいくつかのバイトを転々と変わったが、建設現場の手伝いという仕事は比較的長く続いた。時代はバブル全盛期で建築ラッシュだったことから、仕事はいくらでもあった。この仕事も登録制で、事務所に仕事が入ると電話が掛かって来て、翌日の現場を教えてもらうと現地に直行し、仕事が済めばそのまま直帰するというシステムだった。建築現場といっても、重たい資材を運ぶということは少なく、主な仕事は内装工事で大工さんが出した木屑やかんな屑などを、ホウキとチリトリで集めるなどの誰でもできる雑用程度の仕事をこなしていた。

ある日のこと、前日会社から言い渡された現場は、地下鉄東西線の東陽町から徒歩十分ほどにある中華料理屋だった。東陽町といえば三遊亭円楽が自費で建てた寄席若竹があったが、つい最近、客が不入りなことから閉館したと聞いていたのだが、現場に着いてみるとそこは正しく若竹だった。すでに改修工事が始まっていて、一階の中華料理屋を拡大するため、寄席があったビルの二階部分を解体している最中だった。

そんななかで目にしたのは、二階に上がる階段脇に貼ってあった一枚のチラシだった。「三遊亭京楽　二ツ目昇進披露興行」というタイトルの下には、会場＝江東区文化センターと書かれてあった。この文化センターは、ちょうど解体中の若竹とは道路を挟んだ向いの江東区役所のなかにあった。

三遊亭円生が落語協会を脱退する原因になったのは真打の粗製乱造だったが、その円生が亡くなると、円窓・円丈など弟子たちが落語協会へ復帰することになった。しかし総領弟子だった円楽は、自分の弟子とともにこれを拒否した。孤立した円楽は東陽町に若竹を建てることで意地を見せるのだが、その結果、莫大な借金を背負うことになり、その返済のため円楽本人は自分が建てた若竹に出るよりもギャラの良い仕事を求めて、日本全国津々浦々、様々な会館やホールで独演会を開く日々に追われた。この点では寄席としての立地条件を考慮しなかったことはあるかもしれないが、師匠円生への忠義を通した行動そのものは、立派だったと思う。

ただ問題なのは、もともと円生の意志を継いで独立したはずなのに、円楽はその後入門してきた弟子たちを碌な修業もさせぬまま次々に二ツ目にさせると、入門から五〜六年で真打昇進させたことにある。数多い弟子のなかには実力の伴った者もいたかもしれないが、弟子入りした者がみな、それだけの才能があったとは考えにくい。

実際、寄席を出てから円楽の弟子になった者は満足な修業をしてこなかったことから、噺家として必須の太鼓などの鳴り物がほとんどできないという。それでも修業期間が短いうえ、すぐに真打になれることが魅力となったようで、一門の数はまたたく間に膨れ上がっていった。いつしか円楽一門は、本来円生が反対した「真打の粗製乱造」とは真逆の、真打だらけの集団になっていた。孤立した円楽は、弟子の数を増やすことで、自分のメンツを保とうしたのかもしれない。

それにしても、今や日々の暮らしをアルバイトでようやく食いつないでいる自分が来た現場で、かつての弟弟子の披露目のチラシを見つけたときは、何とも情けなかった。「そうか、あのドジでしくじりの多かった三瓜が二ツ目になるのか……」あまりの運命の皮肉に、思わず苦笑していた。

反吐が出た『駐車場物語』

落語のＣＤが発売されると、そのうちのいくつかは購入した。やがて鈴本で続けられていた小三治の独演会も、ＣＤ化されるようになり、新譜が出るたびに購入していた。

この頃から小三治は、落語に入る前のマクラを長く語るようになっていた。その時々に感じた身辺雑記を思いつくままに語るというスタイルは小三治独自のもので、お客のなかにはそのマクラを目当てに落語会に出向く人もいたようだ。興が乗ると小三治は延々と語り出し、マクラだけで一時間を超すことも珍しくなくなった。聞くところによると、マクラをたっぷり一時間語った後に『小言念仏』を十分というように、バランスの欠いた高座もあったようである。そのうちにマクラの部分だけをＣＤとして発売されたのだが、そのなかの『駐車場物語』を聴いて、反吐が出るほど嫌気がさした。

当時、小三治の愛車であるバイクを留めていた駐車場に、ひとりのホームレスが住み着き、その男との交流を描いた一時間にも亘る長いマクラが鈴本の独演会で披露されると、大層評判になったようである。現代の管理社会からは別の生き方をする噺家という自由人と、仕事も家庭も放棄したことで、あらゆる規制から縛られることがなくなったホームレスという名の自由人。ある種の共通項を持った二人の物語に感銘を受ける人も多かったようだが、私はなんとも胡散臭いものを感じた。

確かに、一般的な社会の規範からはみ出しているという点だけを見ると、共通する部分はあるかもしれないが、落語界において柳家小三治という存在は、既に名実ともに大看板になっていた。この時点では、落語協会の理事の一人ではあったが、いずれは落語協会会長になるであろうし（後年、それは現実化して二期、四年の会長職を務めることになる）、そういう小三治に対してホームレスは社会から完全にドロップアウトした存在である。小三治は、俗世間と隔絶した生き方をするホームレスに勝手に「長谷川さん」と命名して、迷惑に感じる一方で、彼の日常を面白おかしく紹介するのだが、私には商売に利用しているとしか思えなかった。

このホームレスとの交流のなかで、放浪の俳人・種田山頭火をダブらせた小三治は、自分の趣味でもある俳句を彼に勧めるシーンが出てくるのだが、日々を生きていくのが精一杯のホームレスには、俳句のような風流を味わう余裕などサラサラないことが分かり、そのギャップが可笑しくて独演会のお客には受けていた。

物語の終盤、駐車場の管理人から出ていくように言われたことで、このホームレスは姿を消すことになるのだが、それに対して小三治は人情噺のような語り口で、一抹の寂しさを白状する。

ところが、物語の最後には彼が駐車場に戻って来て、再び迷惑に感じながらもホッとした心情を吐露して、長い長いまくらは終わるのである。一般のお客にとっては胸がホッコリするような微笑ましいエンディングかもしれないが、私にしたら堪ったものではない。

他方では、私に対して半ば強制的に破門を言い渡して、それを真に受けて辞めてしまうと「まさか本当に辞めるとは思わなかった」という未練たっぷりな部分を見せておきながら、最終的には自分の体面を守るために、再入門を乞う私を拒絶したのである。その芸に憧れ、継承したいと願う若者の未来を踏みにじった一方で、ただ居座るだけの迷惑なホームレスには、篤実な人情家のように寛容な態度を見せる。

噺家への道を断念した後は、仕事に就いては辞め、就いては辞めを繰り返していた当時の私にとって、かつては一番憧れを感じていた小三治よりも、このホームレスに明日の自分をダブらせていた。「いっそのこと、オレが長谷川さんと仲良くなって一緒に駐車場に住みついてみたら、小三治はどんな顔をするだろう?」と考えてみた。

自分の不用意な言葉で噺家を断念する破目になった元弟子が、ホームレスに身を落として目の前に現れたとして、小三治は同じように私にも俳句を薦めるだろうか？　すっかりひねくれ者になった私はそんな場面を想像して、自分自身が置かれている状況を、シニカルに嗤っていた。

『寝床』よりもタチが悪い

ここ数年、小三治は童謡や唱歌に凝っているようだ。ただし聴くのではなく、自らが唄うのである。もちろん、一旦凝り出すと「徹底的にやる」というスタイルはいつものことで、歌唱指導の先生に付いて、ピアノを弾いてもらいながら本格的に発声練習からレッスンを受けたようだ。まぁ、趣味の範疇なら「お好きにどうぞ」といったところだが、問題なのはこれを金を取って披露したのである。

鈴本の小三治独演会は、それまでの噺家が落語を披露するというスタイルとは一線を画して、落語を演るだけに止まらず、身辺雑記を披露する独特のまくらや、尾股惣司原作の『鳶職のうた』を朗読、先に紹介したCDに傷を付けてその音質を確認する「オーディオ教室」など、実験的なプログラムも意欲的に取れ入れていたが、とうとうこの独演会で童謡や唱歌を披露したのである。

この日のことは、堀井憲一郎の『青い空、白い雲、しゅーという落語』（二〇〇九年、双葉社）のなかで詳しく紹介されている。「上野鈴本、歌だけ、悪夢の小三治独演会」というタイトルにあるように、二〇〇五年十月三十一日に鈴本で行われた会は、それまでの独演会とはまったく異質な様相を呈していたという。堀井が客席に着くと、高座の真ん中にはグランドピアノがドーン設えてあり、落語を演るスペースはなかった。出囃子が鳴ると、高座に出てきた小三治は着物姿ではなく洋装で、そこからピアノの伴奏に合わせて次々と歌を歌唱していったそうだ。何事にも、トコトン突き詰める性格の小三治のことだから、歌で笑いを取ろうという考えなど毛頭なく、きちんとレッスンした歌を、ひたすら真面目に唄い続けたという。もともとこの会自体は、前売券を発売した時点では「柳家小三治独演会」としてあるだけで、童謡や唱歌を披露するなどとは一言も断っていなかったそうだ。落語を聴く目的で来た堀井にとって、まさか童謡を聴かされるとは思ってもいないことだった。

一生懸命レッスンしたであろう小三治の歌声は決して拙いものではなく、むしろそれなりに上手かったそうだが、真面目に唄えば唄うほど却って気持ちが悪く、何ともいたたまれない気持ちになり途中で席を立ったという。私には、堀井の気持ちがよく分かる。もちろん柳家小三治という一廉の境地に達した噺家が本気でレッスンしたものを発表するのだから、ただの素人がお遊びで歌を披露するのとは本質的に違うだろう。あるいは、そのバックボーンにある小三治の人生や幼少期の様々な思いが、童謡や唱歌を通じて滲み出ていたのかもしれない。

そうはいっても、詰まるところ歌は素人である。金を取って聴かせるべきものではないはずだ。お客にしてみたら、旨い鮨をつまみにして日本酒を飲もうと思って老舗の鮨屋に来てみたら、突然鮨屋の親父がパティシエの格好をして出てきて「今日は趣向を替えて、とっておきのデザートを用意しました」と言って、ショートケーキやモンブランを次々に出されたようなものだ。本人は腕に依りを掛けてサービスしたつもりかもしれないが、客にとっては突然、求めていないメニューを次々と出され「ケーキで日本酒が飲めるかよ！」と思ったことだろう。

事実、堀井は本のなかで、この日の歌を聴いた客のなかから「ほんとに『寝床』ねえ」という声を聞いたそうである。

似たような話は過去にもあった。八代目桂文楽は、自分の十八番であった『寝床』を取り組むうちに、本格的に義太夫を披露したいと思うようになったというのだから、正に『寝床』のストーリーを地で行ったことになる。ただし、自分の弟子の嫁さんたちを老舗の鰻屋・神田川に招待して、罪滅ぼしという思いもあったのだろう。鰻をご馳走して義太夫を聴かせたそうである。

本人は至って真面目に稽古をしたとはいえ、もとを正せば素人芸なのだから、聞き手には自分のお遊びに付き合ってもらうつもりで、余興として聴いてもらうというのが本来の有り様だろう。それを自分の独演会で金を取って披露するというのは、『寝床』以下の行為であり、明らかにやり過ぎである。今や落語界において、押しも押されもしない地位にまで昇りつめたとはいえ、ここまでやるというのは如何なものか。もちろん今の小三治の落語界における地位を考えたら、表立って批判する者などいなかっただろうし、それをさせないだけの実績を残してきたことに間違いはないが、大半の噺家たちは蔭で冷笑していたことだろう。

「小多け」という名前

講談社文庫から出た小三治のマクラの部分だけを集めた『ま・く・ら』（一九九八年）は思いのほか好評を得て、続編まで発売された。この正編の巻末には「口上」というタイトルで、柳家九治改め七代目柳亭燕路の真打昇進披露口上の模様が収録されている。通常、寄席における真打昇進の口上というのは新真打本人とその師匠は同席するが、他には協会の幹部が居並び「新真打をよろしくお願いします」と挨拶することになっている。

この本に収録されている披露口上は、鈴本の小三治独演会で行われたもので、小三治門下の〆治・喜多八・はん治・福治という兄弟子たちが同席して、普段の披露口上とはいささか趣を異にしたアットホームなものになっていた。読み返してみても、直前に小三治から口上の司会を言い渡されたはん治がガチガチに緊張している様子や、〆治・喜多八・福治それぞれの燕路に対する祝いの気持ちが伝わってくる一方で、当然のようにそれぞれが常に小三治を意識して口上を述べている。

総領弟子の〆治は挨拶のなかで「弟子は大勢いたが、半分以上は辞めて行った。自分は残って今、この高座にいることが幸せだ」と言ってお客の笑いを取っているが、クビになった身としては何ともやり切れない気持ちになる部分だ。

小三治はこの口上のなかで、弟子に対する考えをかなり詳細に語っているのだが、同時に九治が七代目燕路を継いだことに関連して、芸名にまつわる自身の考えも披露している。九治が小三治にとってかつて自分の兄弟子が名乗っていた「燕路」を襲名したこともあるだろうが、芸名についてここまで踏み込んだ考えを吐露したことは私には記憶がない。

自身が真打に昇進したとき「名前なんて見分けるための記号みたいなもんですから……」と言ったのとは、真逆の考え方を披露している。もちろん経験を積むことで、歳月が人の考えを変えることはあるだろうが。入門した弟子に名前をつけてやるというのは骨の折れることで、いろいろと思い巡らせることを告白している。

さらに「名前を続けることは素晴らしい」という話から、代々続く名前というのは後進の者がその名前に憧れて継ぐわけで、それは自分もその名に恥じないだけの噺家にならなければいけないという責任も背負うことになると話は進む。自分は真打になるときに、何の相談もなく突然師匠から「小三治」を継げと言われる。もともと小さんが付けていた大事な名前を言い渡され当惑するものの、それを断るだけの勇気がなかったと述懐している。

何の相談もなく、師匠が付けていた大事な名前を言い渡されたという点では、私も同じだった。小三治とともに目白へ行き、五代目小さんから「小多け」という名を付けることを許された日。

「そういうことになったから、内儀さんや兄弟子たちに名前が決まったことを報告するように」

小三治から言われると、私はすぐに高田馬場の小三治の家に戻り、留守番をしていた九治に「目白に挨拶に行って、〈小多け〉を貰いました」と言ったときの九治の悔しそうな顔は今でも忘れられない。

自分が敬愛する人の前座名を貰えるというのは、弟子にとって究極の夢であり、特に芸に関して人一倍厳しい小三治であればその思いは一層強い。それまで廃業した者も含め小三治のところには多くの弟子が入門したが、自分の前座名を与えた者はいなかったことから、弟子のなかには「小多け」は封印された名前というイメージが暗黙のうちに出来上がっていたように思う。

それが降って湧いたように、突然私が命名されたのである。弟弟子を羨ましいと感じるとともに、自分がその器にないことを思い知らされた訳だから面白いはずがなかったろう。私が九治の立場だったとしても同じような感情になったはずだ。

ところが結果的に、この名前が私の噺家としての夢を断念させることになるのだから、人生というのは何とも皮肉なものである。

自己嫌悪の真打披露

話は前後するが、ここで改めて小三治の芸に対するエピソードを披露しておこう。

二ツ目時代の小のりが、小三治と旅に行った際、芸の壁にぶち当たっていた彼に対して、その日の夜、ホテルの部屋で小三治から突然ダメ出しをされたことがあったそうだ。

何度も何度も同じ部分を繰り返しやり直しさせられたそうで、何十回も同じセリフを続けていたところ、突然「それだ。その調子でやればいいんだ！」と言われたという。何十回も繰り返しているうちに「その調子というのが、それまで演ってたのとどう違うのか分からなかった」と小のりは述懐している。それでも小三治は小のりに対して「もうこいつはモノにならない」と諦めた時期があったそうだ。

しばらくして小のりに真打の声が掛かったが、自分の芸に行き詰まりを感じていた彼は、自ら辞退して二ツ目に残る道を選んだ。その結果、何人かの後輩に追い越されることになったが、数年後、苦労の末に何かを掴んだのだろう。ひと皮剥けた小のりは、柳家禽太夫と改名して真打に昇進した。

私はかつての兄弟子の祝いの高座を一目見たくて、何十年かぶりに客として鈴本に出掛け、その披露目の席で、本当に久しぶりに生の小三治を見ることになった。口上の席で禽太夫に祝いの言葉を贈る小三治を、寄席の最後部の席でじっと聴いた。私が禽太夫を一番羨ましいと感じたのは、口上での小三治の言葉はもちろんだったが、その前に高座に上がって『道灌』を演ったことだった。弟子の披露目の席で「柳家」の前座噺の代表である『道灌』を演る小三治を見ているうちに胸が熱くなった。

「あのとき踏み止まっていたら、オレにもこういう日が来たのかもしれない……」

そんなことを考えると、禽太夫を羨ましく思うと同時に、今の自分に自己嫌悪を覚えていた。寄席の最後に上がった禽太夫は『ちりとてちん』を演った後、緞帳が降りるまで頭を下げてお客を見送ることで真打として初めての大役を果たした。

私が客席から出ようとすると、天井のスピーカーから高座の音声が聞こえてきた。楽屋にいた全員が高座に上ると、口上に出席した馬風が音頭を取って「シャシャシャン、シャシャシャン、シャシャシャンシャン……」という三本締めが聞こえてきた。真打披露興行では初日の習わしとして、終演後に新真打の門出を祝うため、楽屋一同が高座に上がって、その前途を祝して手締めをすることになっている。これは内輪だけで行うささやかな祝いのため、お客に見せるものではないのだが、高座のマイクはオフになっていなかったのである。多くの師匠連や同期の仲間たち、前座・二ツ目の後輩たちに囲まれて三本締めをしてもらうというのは、格別の思いがあったはずだ。特に禽太夫の場合、真打昇進の打診を受けながら、一度は自ら辞退しただけに、その思いは万感胸に迫るものがあったことだろう。

かつての兄弟子の昇進を祝いながらも、私は忸怩たる思いを抱いて帰路に就いた。

なぜ放ったらかしにできなかったのか

小のりと私の決定的な違いは、小三治が放ったらかしてくれたことだ。

行き詰っている小のりを見て「こいつは、この程度だなぁ」と思い匙を投げたが、私に対しては最後の最後まで諦めなかった。逃げ道を八方塞いで崖から突き落としたのだ。小三治は師匠小さんに対する感謝として「芸に関して私を放ったらかしにしてくれたことです」と言っている。

芸の筋を見込まれた小三治は、前座時代から三遊亭円生に可愛がられ、たびたび稽古をつけてもらったそうである。円生が懇切丁寧に仕草や言葉を教えてくれたのに対して、小さんは稽古らしい稽古は殆どしてくれなかったという。

覚えた噺を小さんの前で演ったとき「お前の噺は面白くねぇなぁ」と一言だけ言われ、途方に暮れたというエピソードは小三治自身がたびだひ披露しているが、「あの一言が今の自分を形成するキッカケになった」と述懐している。

逆の意味で私のなかにある思いがある。

「あのとき、あそこまで追い詰められていなかったら……。途中で匙を投げて放ったらかしにでもしてくれていたら……。もしかしたらその後、死に物狂いになって自分自身で何かを掴んでいたかもしれない」

それが「小多け」という名前を付けられた宿命だったのかもしれないが、一人の人間のその後の人生までも狂わせたことを考えたら、諦めてくれたほうがどれだけ救われたことだろう。四半世紀以上も昔の出来事を振り返って、今更「たら・れば」の話をしてみても、過ぎてしまった時間は取り戻せないことは重々承知のことだが、当事者にしてみたら悔やんでも悔やみきれないという思いが残る。

映画監督の伊丹万作は「人生とは書き直すことができない清書のようなもの」と言ったそうだが、私の場合、ほとんど白紙の状態のうちに半紙を取り上げられ、目の前でビリビリに破かれたのだ。

最近になって小三治は「弟子を育てるなんてことは私にはできません。ただ自分の背中を見せるだけで、それをあいつらが何を感じてくれるかということだけです」と言うようになった。

私が最初に弟子入り志願に行ったときも「オレはプレイヤーであってコーチじゃねぇんだから教えるつもりはない」と言っていたが、少なくとも私の場合は「育てられる」と思うようになったのかもしれない。ただしそれは教育というよりは強引なまでの矯正という形に変容して、拙速に答えを求めた結果、私の将来を奪うことになるのだが。

恐らくそのときの苦い経験が「弟子を育てることなんてできない」という考え方に変わっていったのだろう。

小三治は『落語百景』(二〇〇八年、新人物往来社)のなかの弟子についてのインタビューで、若い頃に取った弟子たちには、自分の考えを強く反映させていたことを告白している。それが最近になって自分の許容範囲が広がって「人間はいろいろある」と思えるようになったと話している。

同じことは『師匠噺』(浜美雪、二〇〇七年、河出書房新社)のなかで喜多八も語っている。

「私の修業時代は、(小三治自身も)師匠としての経験がないだけ、そのしつけがあとの弟子にも影響するという思いがあるから、弟子の性格を力づくで矯正しようとしたが、後半の弟子の頃になると人間的にも丸くなって、育て方が変わるのは当たり前なんです」

確かに歳を重ね師匠としての経験値を積んだことで丸くなった部分もあったろうが、理不尽なかたちで私をクビにしたことが、その後の弟子との接し方に、少なからず影響しているのは間違いないだろう。

しかし当時の私は、小三治が考えていたことこそ絶対であり、他のどの弟子よりも信じ切っていた。だからこそ「これ以上噺家を続けてもお前には見込みがない」と言われたとき、身を切られるほど辛かったが、噺家の道を断念したのである。

それが「自ら悟りを開いたのか?」「諦めたものか?」年を経たことで物分かりの良い大人に成長したのかもしれないが、こちらはクビを言い渡された日から時間が止まったままである。

月日は流れ

いつの間にか本当に長い時間が経ってしまった。気がつけば、私自身が当時の私を破門にした小三治の歳を遥かに超えていた。

私には少年・青年時代に勝手に思い描いていた夢があった。噺家になったら誰もが思うことかもしれないが「四十代になる頃には、一廉の噺家として看板を背負い、自分の名前を目当てにお客が来るだけの存在になっていたい」。別に「出世したい」などという気はサラサラなかったが、私が寄席でトリをとるときには、後輩が高座の袖で聞き耳を立てるような噺家になっていたいという思いがあった。かつて私が小三治の高座を袖で見て感じたように。

あの当時、紅顔の噺家の一人だった私にとって、柳家小三治という存在はまぎれもなく私の理想であり、人生を懸けて追い求めてゆく一生の目標であった。

それにしても、オレは一体何が言いたいんだろう。怨みごとを書いたかと思うと、今さら憧れていたことを告白してみたり、今の私は完全に分裂状態に陥っているようである。その遠因を探っていけば「オレは、お前に『辞めろ』と言った訳じゃない。『辞めたらどうですか?』と言ったんだ」すべてはあの日の小三治から出た一言からだった。

初代林家三平のギャグに「このあいだも受けないから前へ前へと出るうちに高座から落っこちゃったんですよ。そしたら、それ見たお客さんが『ああ、落伍者』って。もう大変なんスから」というのがあったが、噺家を強引にクビにさせられた今の私は、文字通り人生の落伍者になり果てた。

その昔、「民俗芸能を守る会」の会報誌に書かれた「修業中の弟子には飛び切りいやな思いをさせてやりたい。そうした体験が将来どんなに辛い状況に追い込まれてもへこたれることはないだろう」という小三治の思いは、最後の最後に自分のメンツを取ったことで、私には詭弁だったと思えてならない。

小三治自身が言った「そのためには弟子に怨まれても構わない」という言葉は、今や弟子でもなくなった中年男に、本来思いもしなかった形で逆恨みされていることになる。「存在そのものが暴力だ」と言われて噺家の道を断念したが、挨拶に行ったとき小三治に言われた「お前はオレのところで修業をしたんだから、これからはどこへ行って、どんな仕事に就いても立派にやっていける」という言葉も、前座修業を全うしてこそ初めて意味のあるもので、最終的に自分で決断したこととはいえ、世間一般から見たら修業が辛くなって、途中で投げ出したことになるだろう。

上方落語『代書屋』のなかで、履歴書を頼みに来た男が「尋常小学校は二年で卒業しましてん」と言うと、「あんた、そら卒業やない。中途退学いうんやで」と言われ、「ああ、そのほうが体裁がええな」「ええことあるか!」という件があるが、私の場合、前座修業を中途退学したことで、それが自分の人生のなかで負い目を抱き続けることになった。

多くのマスメディアは、バブルが弾けた日本をその後の停滞した経済から「失われた二十年」と呼んだが、ここ最近のニュースを見ると、アベノミクスの影響を受けて、やや上向きの兆しを見せているようだ。長い不況からの脱出も近いような空気があるようだが、経済音痴の私にはこれから先の日本がどうなるかなどさして興味もない。それどころか、これからの自分の人生に対しても関心を持てなくなっている。

小三治によってもたらされた私自身の「失われた二十七年」は、一向に先が見えないまま未だに暗闇状態である。

矛盾ではないのか?

最近、近所の図書館で『落語新時代』（二〇〇八年、新書館）という本を見つけたのだが、私には見過ごせない部分があった。このなかで著者の八木忠栄によるインタビューに小三治が答えるというコーナーがあった。

小三治が噺家になったときのエピソードとして、父親から「日本一の噺家になれ!」と言われ、違和感を覚えたという件があり、「肩書なんて大したことではない。お客さんに喜んでもらうことが、何よりの勲章になる」と発言しているが、私には世間に向けてのポーズとしか思えない。

小三治の父親は、もともと農家の後継ぎから教育者になった人で「東大以外は大学にあらず」という考えの持ち主だったそうだ。そういう父親に対する反発心が「噺家になりたい」という原動力になったというのだが「日本一の噺家」という父親の言葉にしっくりこない思いを持ちながら、弟子には「一流の噺家」なることを押し付ける。そのことに矛盾を感じないことが私には理解できない。

厳密に言えば「日本一」と「一流」は別物になるのだろう。「日本一」が文字通り日本に一人だけの存在なのに対して、「一流」は限られた数とはいえ複数存在していることになり、小三治のなかでは「オレの弟子である以上、一流の噺家になることは当然のことだ」という思いがあったのかもしれない。

いずれにしても、頭の悪い私には肩書に拘泥するという点では同じにしか思えないのだが。

二〇一四年、小三治は国から旭日小綬章を賜った。ウィキペディアで調べると、小三治はこれ以前にも一九八一年に芸術選奨新人賞。二〇〇四年には芸術選奨文部科学大臣賞を授与しており、今回が三度目の受賞ということになる。もちろん初めから勲章を目当てに噺家になった訳ではないが、くれるというのを断ることもないということになるのだろう。お国から立派なお墨付きを得たことで、ますます一流の噺家としての箔がついたことになるだろう。それは皮肉なことに、父親が願った「日本一の噺家」という思いに、着実に近づいたことになるのではないか。

今回の旭日小綬章受章が、そう遠くない将来の人間国宝への布石になったように思えてならない。(この一文を書いてから数週間後、小三治は人間国宝に認定された。私が思っていたよりも二〜三年早い決定だった。今や名実ともに「日本一の噺家」になったと言っても過言ではないだろう。泉下の父親に対してこれ以上ない親孝行になっただけでなく、本音の部分では何よりも人一倍体面や肩書を気にする小三治自身にとって望外の喜びになったはずだ)

悩まされる日々

「今更、関わらなければ良いのに」と思いながら、小三治に関連する新刊が出ると気になってしまう自分が恨めしい。

人間国宝の決定からしばらくして『なぜ「小三治」の落語は面白いのか?』(広瀬和生、二〇一四年、講談社)という本が発売されると、黙殺することができなかった。

この本の第一章には広瀬による小三治へのロングインタビューが載っていて、落語のことはもちろん、生き方、後輩の噺家たちに対する苦言など、かなり詳細に語られている。

このなかで小三治は、現在の落語界は多くの入門志願者があり、その成長を期待する一方で「素質のない者は辞めさせた」と話している。しかし、入門して一年、二年で自分から辞めていく者に対しては「そんな奴は相手にならない」とも話している。私の場合、素質がないから辞めさせたということなのだろうか。早口は噺家として致命的な欠点であり、それを治せないというのは「素質がない」と判断したのか。あるいは「そもそも、その程度のことを少しきつめに言われたぐらいで辞めちまうような奴は、初めから噺家をやっていく素質がない」ということになるのか。また一方で、一～二年で自ら辞めていく者には「相手にならない」と言い放つ。真摯に落語と向き合うこともせずに、簡単に諦めるような奴は「どうぞご勝手に」ということになるのだろう。

どちらにしても、落語界のなかで陽のあたるエリート街道を歩み続けてきた人には、本当の意味で人の痛みは分からないのかもしれない。著者である広瀬は小三治落語の魅力について「人間という存在を肯定していて、悪いヤツも駄目なヤツも、みんな憎めない。人間って可愛いなぁと感じさせてくれる」と言っているが、私にしてみれば落語のなかの登場人物には温かな眼差しを見せる一方で、志半ばで辞めていった者に対して思いやりの気持ちなどなかったということになる。

歳月が経ち、私に破門を言い渡して以降、小三治自身、様々な病気を抱えたことで人間の弱さを痛感したこともあったろう。また病気に限らず、その後の人生経験が今の小三治の高座に強く反映されているのも事実だろう。それらの出来事は、落語に限らず『駐車場物語』のホームレスとのやりとりなど、小三治の人間を見つめる姿勢に色濃く反映されているかもしれない。

それでも私には、最終的に自分の体面を保つために「見殺しにされた」という不信感を未だに拭い切れないでいる。

小三治のインタビューを読むと、落語に対する考え方は私が弟子だった頃と大筋では変わらないようだが、それでも歳を取ったことで良い意味で「枯れた」感じがする。確かに私が弟子だった頃は「これまで積み重ねてきた自分の実績を、いよいよ世の中に知らしめて行こう」とする働き盛りの四十代であったのに対して、今や功なり名を遂げ人間国宝の栄誉まで手に入れた七十代の現在とでは、違って当たり前だろう。

もともと真摯に落語に取り組む人だっただけに、その場限りのクスグリには批判的な意見を持っていたが、この本を読むと客に受けること自体否定するようになっていたのには、正直驚いた。四代目小さんという人はボソボソとしゃべるような地味な口調で一般受けはしなかったものの、仲間内の噺家や耳の肥えたお客には高い評価を得ていたという。地味ではあるが、聴き進むうちにいつの間にか噺の世界が広がっていって、それが何とも心地良く感じられるそうだ。対して今の落語界では、多くの若手は自分をアピールしたいという思いからか小手先の笑いを求め「これでもか!」と言わんばかりの多くのクスグリを入れる傾向がある。

そんな風潮に対して小三治は「笑わせないでもらいたい」と苦言を呈する。せっかくいい噺だと思って聴いていたのに、たったひとつクスグリを入れたことで、それまでの噺の世界がぶち壊しになってがっかりさせられることがある。もっともこれは若手だけに言ってることではなく、自戒の意味が込められている言葉でもあるようだ。

今や落語界の重鎮になった現在でも、受け狙いなクスグリを入れないまでも時として笑いを求めるあまり、強く押してしまうことがあり、そういうときには後悔の念に駆られるという。

「お客に受けることよりも淡々と噺の世界を描くことのほうがどれほど潔いか」

これが現在の小三治が思い描く理想の落語ということになるようだ。しかし、大半の噺家にとって「笑わせない落語」というのは、およそ理解できないことだろう。何よりも寄席や落語会に来るお客は「笑いたい」ために噺を聴きに来るのである。そのお客を前にして笑わせないというのは、自殺行為ともいえる。出てくる噺家が全員「笑わせない落語」を演ったら、お客は「金返せ！」と怒り出すだろう。

若い頃から抜群のテクニックがありながら、それに胡坐をかくことなく常に噺に対し研鑽を積み重ねて、今日の名声を築いた小三治ならではの到達点なのだろう。「ひとつでも笑いを取りたい」という最近の風潮に対して、一言もの申したいという思いがあったことは想像に難くないが、それは成功者の究極の理想形であろう。

現実には、受け狙いをせずに、噺の世界をしっかり描くタイプの噺家が必要なのと同等に、お客をひっくり返すほど笑わせる噺家も寄席には大事な戦力になる。後進のために、どういう生き方をしてみせるのかは、その噺家の背中を見せることで表わすしかないことだろう。その生き方に共鳴するかどうかは個々の判断に任せるしかない。

何よりも小三治が苦言を呈して「笑わせない落語」を訴えてみたところで、お客がそれを求めない以上、噺家側も少しでも笑わせる芸風に走らざるを得ない。

「その国の政治家を見れば、その国民の政治に対する意識がわかる」という言葉があるが、私には「噺家を見れば、その時代のお客がどういう落語を求めているかがわかる」ということに通じる気がする。

それを落語の堕落と嘆いてみたところで、時代の趨勢であり、それが大衆芸能の有り様ということになる。いくら人間国宝になったとはいえ、一人ひとりの噺家がどういう生き方をするかまで、小三治が決められることではない。せいぜい自分の弟子に対して小言を言う程度にとどまるだけだろう。

終わりに

柳家小三治の噺を聴いて、落語が持つ魅力や深さを知った人は大勢いるだろう。事実、私もそのなかの一人であり、それが高じた末に弟子入りすることになった。それだけ信奉した人が、今や私にとって人生を狂わせた怨みの対象でしかなくなってしまった。それでも、志ん朝・小さん・談志亡き後の落語界にとって柳家小三治という看板は、今や最後の砦のような大きな存在である。

今の小三治は、私が知っていた当時よりも多くの持病を抱え、食事のたびに大量の薬を服用しているようだが、身体だけは大事にしてもらいたい。健康に留意して、一日でも長く高座を務めてもらいたいと願うばかりである。

今回、脱稿してから改めて読み返したとき、ひとつ気になったことがあった。

「もしかしたら、この本を今流行りのパワーハラスメントに絡めた告発本と捉える人がいないだろうか……?」ということだった。お断りしておくが、そういう意図は断じてない。

落語界というのは昔から厳然とした徒弟制度によって成り立っており、一度入門すればその師匠の言葉は絶対に守らなければならない。本来、前座という期間は一般常識とはかけ離れた矛盾を常に抱えながらも、それに耐えることが最大の修業といえる。たとえ師匠が無理難題を命じたとしても、おのれの努力や裁量、場合によっては頓知・頓才で解決していくものなのだ。また、そうした厳しい環境のなかで修業することで、幾多の名人上手と呼ばれる噺家が生まれてきたという事実もある。安易に現代の子育て論や社会風潮と照らし合わせて、これを批判するのは的外れということになる。

それでも私が拘泥するのは、それが本意ではなかったにせよ、結果的にクビを言い渡した以上、非情と思われようとも、芸に対する厳しい姿勢だけは貫き通してほしかったということである。辞めて行った者に対して「それで良かったんだ」と騙し通してくれれば、どれほど救われたことか。「挨拶にも来ない礼儀知らず」と言われなければ、再び小三治のもとに行くこともなかった訳で、これほど苦しむことはなかったのだ。未だに悔やんでも悔やみきれない思いを引きずっている。

それもこれも、今では蒸し返してみても仕方のない遠い昔の出来事であり、例えるなら、惚れた男に捨てられた愚かな女の、未練がましい愚痴話になるんだろう。

＊

これまでまとまった文章など一度も書いたことのない素人の駄文に、最後までおつきあいいただきありがとうございます。

校正を繰り返して少しでも読みやすいものを目指したつもりですが、修業時代から抜かりの多い人間の書いたものだけに、まわりくどい言い回しや反対に言葉足らずな部分、さらに「てにをは」の間違い等も残っているかもしれません。

多くの方が疑問を感じられるのは「三十年近く経って、何だっていまさら恩を仇で返すようなこんな暴露モノを出すんだ?」ということではないでしょうか。敢えて言わせてもらうなら、日々の生活のなかで自問自答を重ねているうちにいつの間にかそれだけの時間が経ってしまった……というのが正直なところです。

間違っても時間が掛かったことでワインのように熟成したなんて考えてもいません。それどころか鮮度もなくなり、酸っぱいだけの代物と感じられる方もいらっしゃるでしょう。ここでも本を出すタイミングを間違えた「間の悪い奴」を証明してしまった気がします。

手前味噌になりますが唯一この本に取り柄があるとしたら、私にしか書けない特異な体験談をあますところなくさらけ出していることです。今や落語界と一切の関わりがなくなった私には何のしがらみもなく、また失うものもないだけに、このような怖いもの知らずなものが書けたと思っています。

いずれにしても私のなかではこれを書くことで「今度こそ過去の自分と訣別できるかもしれない……」という思いがありました。

最後に誰の紹介もなく、いきなり出版社に訪れて「書いたものを読んでほしい……」という不躾な申し出を受けただけでなく、さまざまなアドバイスをしてくださったうえに、出版にまで尽力してくださった彩流社の河野和憲さんに感謝いたします。

またこの本に実名で書かせていただいたすべての方々、誰ひとり許可なく勝手に登場させてしまったことをお詫びします。なかでもお内儀さん、一門のみなさん、そして何よりも柳家小三治師匠にお詫びとともに御礼を申し上げます。

後半は恨み節を延々と書き綴りましたが、ゲラ刷り校正の最後に思い出して付け加えた東横落語会での『子別れ（中）』を聴いたエピソードを書いているときは、あなたに憧れる純真だった紅顔の噺家当時の自分に戻れて幸せでした。

散々好き勝手なことを書いておきながら、最後の最後で帳尻合わせをするようですが、これもまた正直な気持ちです。もっとも実際のところは、お内儀さんの本を無視したように、この雑文も黙殺されることになるんでしょうけれど……。

二〇一五年　満開の桜のころに

三代目柳家小多け改め藤原周壱

主要参考文献

『御乱心　落語協会分裂と、円生とその弟子たち』（三遊亭円丈、一九八六年、主婦の友社）
『噺家かみさん繁昌記』（郡山和世、一九九〇年、文藝春秋）
『にっぽん藝人気質』（矢野誠一、一九七九年、レオ企画）
『落語こてんパン』（柳家喬太郎、二〇〇九年、ポプラ社）
『落語家論』（柳家小三治、二〇〇一年、新しい芸能研究室）
『落語新時代』（八木忠栄、二〇〇八年、新書館）
『5人の落語家が語る前座修業』（稲田和浩、二〇一〇年、NHK出版）
『五代目小さん芸語録』（柳家小里ん、二〇一二年、中央公論新社）
『快人噺家十五面相』（境田昭造、一九八四年、新潮社）
『青い空、白い雲、しゅーという落語』（堀井憲一郎、二〇〇九年、双葉社）
『ま・く・ら』（柳家小三治、一九九八年、講談社文庫）
『落語百景』（別冊歴史読本、二〇〇八年、新人物往来社）
『師匠噺』（浜美雪、二〇〇七年、河出書房新社）
『なぜ「小三治」の落語は面白いのか？』（広瀬和生、二〇一四年、講談社）

【著者】
藤原周壱
…ふじわら・しゅういち…

1959年、千葉県生まれ。1982年、柳家小三治に入門志願するが断られる。1984年、小三治一門の見習前座となる。1985年夏、前座名「小多け」を貰う。1986年、スコップ事件で破門。半年間アルバイトで食いつなぎ再入門を許される。1987年夏、再び破門。その後、多くの職業に就くが、現在、派遣業登録会社にて日々の仕事に従事している。

フィギュール彩㉙
前座失格《ぜんざしっかく》!?
二〇一五年五月十日　初版第一刷

著者――藤原周壱
発行者――竹内淳夫
発行所――株式会社 彩流社
〒102-0071
東京都千代田区富士見2-2-2
電話：03-3234-5931
ファックス：03-3234-5932
E-mail：sairyusha@sairyusha.co.jp
印刷――明和印刷(株)
製本――(株)村上製本所
装丁――仁川範子

ISBN978-4-7791-7029-4 C0376
http://www.sairyusha.co.jp